Collectif sous la direction de
Nathalie Calmé

Le sens du sacré

Question de - Albin Michel

114

Le sens du quotidien

par Marc de Smedt

Nous sommes souvent perdus en nous-mêmes. Et le poids de nos charges, professionnelles, financières, sociales, émotionnelles, affectives..., ne peut être seul à expliquer cet état profond où l'accumulation se mêle au désordre psychique, où la bousculade intérieure se confond avec un plus ou moins vague sentiment de dépression qui fait que notre existence semble tout d'un coup amère, à la limite du manque de sens.

Comme tout un chacun, il m'arrive de côtoyer ces états de déprime et je connais leurs dangers : il ne faut ni se laisser enferrer, ni se laisser engloutir par ce chaos grisâtre qui peut vite devenir obscur, collant et plombant. Le glauque doit être surmonté sous peine d'envahissement général. Personnellement, je sais que la nature et la méditation sont deux havres où je retrouve la paix et le sens des choses. Et les deux se confondent car je pourrai évidemment traverser un jardin en restant perturbé si l'effet de concentration et d'éveil à la situation présente ne me mettait pas en un état de contemplation ressourçant.

La méditation ne se limite pas, en effet, à une ou des postures, à des exercices de respiration et au silence retrouvé : elle est aussi un état d'esprit à appliquer, si possible, et c'est loin d'être évident, à toutes nos acti-

vités. C'est d'ailleurs là le sens même de toute méditation quotidienne et matinale : elle donne à la journée son **la**, une teneur fugitive, un esprit subtil qui se doit d'être cultivé, de même qu'une méditation du soir va laver les scories du jour et éclairer la soirée, la nuit.
C'est peut-être là qu'on peut retrouver le sens du sacré, chaque jour. Car, méditant, je retrouve mon axe, mon centre ; d'anormal je deviens normal, je me pose dans ma mission d'être, m'éveille à une réalité plus profonde qui me sous-tend et me fonde. Je redeviens élément et acteur de la Création et non fétu de paille entraîné par le *tohu-bohu*. Je sépare l'obscurité de la lumière et prends ma place dans l'univers pour agir en conscience : en cela, j'accomplis un acte sacré car il me relie au Tout au lieu de m'en séparer. J'existe car je suis fait pour cela et pour redistribuer l'énergie qui m'a été donnée.
Retrouver le sens du sacré n'a rien à voir avec le fait de rentrer dans une église ou un *dojo* ou quelque autre lieu que l'on considère comme un temple : bien sûr cela peut aider. Mais avant toute chose il faut construire son temple, sa cathédrale intérieure. Vaste tâche, une vie y suffit-elle ?
J'aimerais enfin dédier ce numéro de la revue à notre ami Yvan Amar : il devait assister au colloque à Nice dont nous publions ici les actes. Sa santé l'en a empêché, mais il fut présent par le respect que lui témoignèrent les participants qui le citent souvent en cours des débats. Car voici un être qui sut vraiment incarner le sens du sacré dans sa vie et sa souffrance. Il nous est un exemple de probité, dé sérénité et d'humour. Et nous lui laisserons le dernier mot de ce cahier.

Directeur de publication • Marc de Smedt.
Réalisation • Claire Médaisko.
Assistante • Jacqueline Vivian.
Abonnements • Pascale Leroy-Rolland.

Abonnements et anciens nos : pp. 214-216.
Question de - BP 18 - 84220 Gordes.
Tél. : 04 90 72 12 55. Fax : 04 90 72 08 38.

Entre l'élan de vie et le don

Présentation

Robert Faure

Un proverbe chinois dit : « Ceux qui ne savent pas où ils vont, finiront ailleurs. » En des termes plus proches de nos proverbes bretons ou marins, ceci veut dire que lorsqu'un capitaine ne sait pas vers quel port il se dirige, le vent ne souffle pas dans les voiles de son bateau.
Le sens sacré de la vie ? Nous avons probablement un pressentiment, un doute bienheureux, une curiosité qui fait que nous devinons que la vie a un sens. Je rappellerai simplement l'ambiguïté du mot « sens », qui, précisément, a deux sens. Celui de direction : le doigt pointé vers un chemin, et celui de signification.
Quelle est aujourd'hui notre boussole ? Est-ce que ce sont les dogmes ? Des certitudes présentées comme des absolus ? Des systèmes philosophiques ? Quels sont nos repères? Vers quel monde allons-nous, vers quel futur ? Et je dirai de manière plus générale, vers quel homme allons-nous ? Vers le sage, vers le saint ou vers le fou ?
Nous n'avons pas besoin de bavardages supplémentaires,

mais bien plutôt de paroles vivantes et d'expériences vécues. Nous avons besoin de témoignages, de paroles qui se sont inscrites dans le regard, le cœur et plus intimement encore, dans le ventre de ceux qui sont ici, prêts à partager l'expérience de la vie. Expérience qui est peut-être tout simplement l'expérience du sacré.

La vie est parfois menacée, et cette fin de siècle est faite de contradictions. C'est pourquoi aujourd'hui nous avons aujourd'hui besoin de repères. Ces repères se cachent peut-être dans nos désirs, nos élans, nos passions et nos étonnements. Paul Evdokimov disait à ce propos : « L'étonnement est déjà une connaissance. »

Nos repères sont peut-être cachés dans notre quête, tapis dans nos questions, entre désir et don de joie. Dans un des passages du Rig Véda, un des textes sacrés les plus anciens de l'Inde, il est dit : « L'élan est en bas et le don est en haut. » Plus proche de nous, Durckheim rappelait que le chemin était le but. Nous savons qu'en cette vie nous sommes des passants. Des passants en marche.

Puissions-nous être animés de cet élan. Puissions-nous être animés de ce don de soi dont parle le Rig Véda. Puissions-nous être en marche entre l'élan de vie et le don. Un peu saint, un peu sage et un peu fou.

Paix, amour, sagesse

Introduction

Arnaud Desjardins

Arnaud Desjardins est connu comme l'un des pionniers à avoir déchiffré et défriché les chemins vers l'Orient. Chemins qui nous sont apparus peu à peu dignes d'intérêt, de confiance et, pour certains, d'émerveillement. Arnaud Desjardins a le mérite, si mérite il accepte, d'avoir été touché par la sagesse de certains maîtres que l'on peut qualifier de « grands », de « pesants », d'hommes et de femmes « de poids ». Il a retraduit avec authenticité ses interrogations et ses doutes, ses tâtonnements et ses certitudes. Ses voyages l'ont conduit en Inde, en Afganisthan, au Sikkim et au Bouthan, au Japon. Voici vingt-cinq ans qu'il s'est installé en France pour enseigner, guider, orienter, et parfois pour « désinstaller » ceux d'entre nous qui se sont réfugiés dans des certitudes comme dans des châteaux-forts. Bref, pour aider des centaines de personnes dans leur quête.

Il y a quelques jours (janvier 1998), nous avons reçu des cartes de vœux. Nous en avons envoyé aussi. « Bonne et heureuse année ! » « Nous vous souhaitons le succès dans vos entreprises, une année heureuse et fructueuse ». Il y avait presque quelque chose de dérisoire, même si ces vœux étaient très sincères et venaient du fond du cœur. Souhaiter une bonne et heureuse année alors qu'il suffit d'ouvrir le journal, d'écouter les informations ou de regarder le journal télévisé pour voir de tous côtés des raisons de s'attrister, de s'inquiéter, plutôt que de se réjouir.

Je pense que nous serons tous d'accord que, dans le monde actuel et pour l'ensemble de la planète, avec les tensions entre le nord et le sud, l'est et l'ouest, l'avenir est, à bien des égards, menaçant. Nous voyons partout des « problèmes » écologiques, économiques et financiers, des problèmes sociaux graves – l'exclusion, le chômage, etc. Des experts essayent, tant bien que mal, d'apporter des améliorations à ces réalités critiques.

Cette situation crée beaucoup de doutes, d'inquiétudes, même, dans le domaine des applications techniques de la science. Elle appartient à une génération qui a traversé l'enfance et l'adolescence avant la guerre de 1939 dans l'idée, jamais mise en doute, que la civilisation occidentale avait apporté le progrès au reste du monde. Il est évident, aujourd'hui, que nous ne pensons plus de la même manière, que nous ne croyons plus à cette civilisation du progrès, mais que nous constatons, au contraire, qu'elle est une grande source de souffrances et de désarroi. En dehors de conditions concrètes manifestement tragiques, c'est pour beaucoup, et je pense aux jeunes en particulier, l'absence d'une véritable espérance, l'absence d'un *sens*.

Sans la dimension spirituelle, l'existence subit un manque tragique. Une image me vient souvent à l'esprit : c'est comme si nous supprimions la couleur d'une émission de télévision et qu'il ne nous reste plus que le noir et blanc. Une dimension essentielle manque car aucune existence ne peut trouver son sens dans la technologie pure, le rationalisme à outrance, la consommation et les enjeux économiques. Nous savons aussi que cette soif de sens peut prendre des formes très superficielles, parfois franchement aberrantes ; les médias nous ont abondamment montré jusqu'où certaines sectes, pour employer un mot à la mode, pouvaient conduire leurs adeptes.

Heureusement, il existe aussi les enseignements traditionnels, qu'il est convenu d'appeler « grandes religions » – sans que cela nous autorise à négliger des traditions moins connues, mais tout aussi profondes. Ces enseignements ont pour la plupart mille cinq cents à deux mille ans d'ancienneté, d'expérience, de confirmation. Ils ont produit des témoins innombrables au travers des siècles. Sans nul doute, la religion en tant que phénomène historique a de quoi décevoir, et, si certains esprits intelligents, au cœur généreux, ont été si impitoyables dans leur acharnement contre la religion, ce n'était pas seulement parce qu'ils étaient des « agents de Satan » mais, sans doute, parce que l'aspect essentiel de la religion, le seul qui puisse être convaincant, leur avait échappé.

C'est peut-être là que nous devons faire une distinction toute simple entre religion et spiritualité. Les religions naissent de la spiritualité. Elles transmettent la spiritualité. Mais il se trouve que parfois elles la voilent. Au cœur de toutes les religions nous avons eu, à chaque époque, et encore aujourd'hui, des témoins magnifiques de la spiritualité la plus pure et la plus profonde. Quand j'utilise ce mot, je ne pense pas d'abord aux dogmes et aux doctrines si différentes ; je pense avant tout à un accomplissement intérieur, une transformation complète de nous-mêmes. Robert Faure faisait allusion aux rencontres avec des sages, des maîtres spirituels qui ont jalonné, comme une grande bénédiction, mon existence. Oui, il y a eu cette femme célèbre, Mâ Ananda Mayî, et aujourd'hui c'est avec émerveillement que j'ai rencontré Mâ Amritânanda Mayî ; et il y a eu des maîtres hindous, des maîtres zen au

Japon, des maîtres soufis en Iran et surtout en Afghanistan, avant le désastre qui ravage ce pays depuis tant d'années, et aussi – et heureusement – des rencontres avec des contemplatifs chrétiens, notamment cisterciens et trappistes, aussi bien des hommes que des femmes. Dans ces rencontres totalement convaincantes, ce qui comptait était bien moins l'orthodoxie des propos tenus que la profondeur du sentiment, l'espérance et l'amour.
Il est certain que les tentatives de rapprochements auront toujours une limite. Les doctrines sont différentes les unes des autres et, à première vue, paraissent incompatibles. Mais ce qui a été et demeure la grande expérience, le plus grand témoignage, la lumière de ma propre existence, ce fut d'avoir rencontré des maîtres. L'impression de liberté, d'effacement de l'égoïsme, de solidité intime, de paix et surtout de toute simple bonté, d'amour et de compassion, était la même, qu'elle vienne de l'abbé d'un monastère trappiste, de l'abbé d'un monastère zen, du maître d'une confrérie de soufis à Mazar-i-sharif ou à Maïmana en Afghanistan, ou d'un sage hindou connu ou inconnu.

Qu'est-ce qui pourrait aujourd'hui donner une espérance aux jeunes et aux adultes qui sentent confusément qu'ils ne peuvent plus continuer à vivre de la même manière, qui sont convaincus aussi que la violence ne peut pas tout résoudre et engendre nécessairement de nouvelles violences, cette espérance qui nous dit que la tristesse, la douleur, la souffrance ne sont pas le fin mot de l'histoire et qu'il y a « autre chose » dans l'existence que les valeurs plus que décevantes proposées par le monde actuel.
J'ai la conviction, malgré l'état grave dans lequel est plongée l'humanité à la surface de cette planète, que tous les problèmes que nous connaissons – non seulement les querelles politiques, celles des prises de pouvoir lorsque tel ou tel ne le possède pas, lorsque tel ou tel s'acharne à

vouloir garder ce qu'il a démocratiquement gagné – sont bien dépassés, mais plus encore les oppositions, les conflits et les peurs mutuelles entre les différentes religions. Chaque fois – j'en ai été témoin et j'en ai gardé des souvenirs lumineux – qu'un juif, un musulman et un catholique ou un musulman et un hindou, un bouddhiste et un chrétien ont, côte à côte, pris la parole ensemble pour témoigner des valeurs qui leur sont communes – la sagesse, la paix, l'amour, la compréhension –, l'impact a toujours été très puissant. Mais quel effet peuvent produire la mésentente entre représentants de différentes traditions ? « Ils se réclament tous de la vérité, ils affirment tous détenir la vérité, mais hélas, ils ne sont pas d'accord entre eux. » C'est là quelque chose de désastreux pour ceux qui ne se sont pas engagés dans une voie.

D'un autre côté, prendre un peu ici, un peu là, faire son petit cocktail personnel, cela n'a jamais conduit bien loin. Il faut se dire que la vie spirituelle est exigeante, elle nous demande de sérieuses mises en cause, beaucoup de vigilance, le courage de voir lucidement nos limitations, combien des jeux d'action et de réaction peuvent s'imposer à nous. Une méthode, une voie, des directives sont certainement nécessaires. Donc, pas un instant il ne m'est apparu, dans mes années d'études et de recherches, que l'idéal serait une synthèse de toutes les religions.

Les êtres humains sont différents, c'est une grande loi de la nature et c'est une richesse à laquelle correspond le foisonnement des différentes traditions. C'est merveilleux qu'il y ait le monde du bouddhisme tibétain, le monde du bouddhisme zen, le monde fransciscain et le monde cistercien, différentes filiations chez les soufis, le talmud, le hassidisme, la qabbale..., et bien sûr cette énumération n'est pas exhaustive. La véritable espérance pour notre humanité douloureuse, déchirée par les conflits, ne peut venir que d'un renouveau de la compréhension de tous ceux qui sont engagés sur une voie ou une autre, de la recherche de ce qui est essentiel, d'une part au cœur même de notre propre tradition et d'autre part par la rencontre et le dialogue avec d'autres traditions. Mais je vous parle de la véritable rencontre, du véritable dialogue. Pas d'une rencontre condescendante du genre : « Vous êtes dans l'erreur mais, comme je suis très noble, je vous tolère. » Une rencontre qui serait un réel désir de partager nos propres richesses avec d'autres et d'accueillir les richesses que les autres peuvent nous transmettre. De nombreux témoignages ont été portés par des chrétiens sur leur découverte de l'hindouisme et du bouddhisme, et une réflexion sincère et même une pratique les a aidés à mieux comprendre ou à redécouvrir les Évangiles. Il en est de même dans d'autres traditions : la rencontre avec un esprit et un cœur ouvert de celui – maître ou disciple sincère – qui est vraiment engagé sur une voie est toujours un enrichissement pour chacun de nous.

Une parole entendue dans ma jeunesse m'avait beaucoup frappé : « Est-ce que vous faites partie de la maladie du monde ou de la guérison du monde ? » Beaucoup avec courage, héroïsme parfois, ont milité pour la guérison du monde et, cinquante ans plus tard, ils constatent que la cause pour laquelle ils se sont battus, pour laquelle certains de leurs camarades ont même donné leur vie, est finalement décevante. Cela s'est reproduit souvent dans l'histoire. La bonne volonté et l'idéalisme de suffisent pas. Il faut commencer par une transformation intime, une purification, qui nous conduit à voir en pleine lumière des mécanismes très subjectifs, émanant souvent de l'inconscient, et qui peuvent nous aveugler malgré notre bonne volonté. La bonne volonté est très répandue mais elle n'est pas réellement opérante tant que nous n'avons pas mis au jour les grands dynamismes qui nous gouvernent.

C'est si vite fait de se laisser emporter par sa propre « mécanicité », comme le disait Gurdjieff. Et si ces jeux d'actions et de réactions interfèrent dans le domaine religieux, c'est encore plus triste et plus cruel que s'ils interfèrent dans d'autres domaines, car c'est la grande espérance elle-même qui se trouve alors contredite et bafouée.
Donc, quand nous parlons des voies spirituelles, du sens du sacré, de rencontres entre des représentants de ces grandes religions ou traditions, nous évoquons avant tout une voie intime de transformation personnelle, de purification du psychisme, de découverte de certains dynamismes de l'inconscient, de destruction de beaucoup d'illusions. C'est ce genre d'enseignement qui, depuis toujours, a été transmis par des maîtres à des disciples. Mais je vois difficilement dans le monde actuel comment nous pourrions, sauf exception, nous consacrer uniquement à la méditation, à la recherche de notre nature de Bouddha, de l'*atman*, du Royaume des Cieux en nous, sans nous sentir solidaires de ceux qui nous entourent, sans être convaincus que chaque pas que nous faisons sur le chemin pourra être bénéfique à d'autres.
Chaque tradition met l'accent sur un aspect ou sur un autre. Quand j'ai découvert, en 1964-1965, le monde du bouddhisme tibétain – aucun des grands maîtres rinpochés n'avaient alors quitté le sol de l'Inde – je me représentais le bouddhisme tibétain principalement par les livres d'Alexandra David-Neel, et comme beaucoup, j'étais fasciné par les accomplissements extraordinaires que l'on prêtait aux lamas. Le choc inoubliable, définitif, fut que tous les maîtres que j'avais le privilège d'approcher, à qui je pouvais poser des questions, tous sans exception parlaient d'abord de compassion. « Puisse ma propre pratique être bénéfique à tous les êtres ! » Cet aspect de solidarité ou de compassion est fondamental pour éviter cet écueil qui consiste, notamment en décou-

vrant la sagesse hindoue, à considérer trop facilement le monde comme irréel – même si cette affirmation peut à bien des égards se justifier pourvu qu'on en comprenne le sens – à ne rien chercher d'autre que s'éveiller soi-même : nous ne sommes pas tous des ermites dans une grotte, ayant définitivement renoncé à tous les désirs, dépassé toutes les craintes, uniquement immergés dans la béatitude du Soi ou la contemplation de Dieu.

Mais le fait de porter témoignage, simplement, non pas pour sa propre religion mais à travers elle, pour la spiritualité, pour la sagesse, pour la compassion, pour la compréhension mutuelle, c'est certainement déjà une manière d'agir en solidarité avec tous. Je pense à une formule de sœur Emmanuelle du Caire, qui bénéficie d'un rayonnement médiatique heureux parce que ce qu'elle dit est très beau, formule que vous connaissez certainement : « La misère des nantis ». Même ceux qui ne souffrent pas de pauvreté et d'exclusion dans notre monde occidental – le quart-monde, comme on dit – ne sont visiblement pas heureux. Bien sûr, ils sont par moment heureux mais fondamentalement découragés, frustrés, anxieux, inquiets. Et témoigner pour une spiritualité vivante, généreuse, ouverte et non sectaire, non dogmatique, c'est peut-être donner ce qu'il y a de plus précieux, encore plus que l'aide matérielle pourtant si souvent nécessaire. Nous savons bien que dans les moments de désarroi profond, de drame intime ou familial, ce ne sont pas nos moyens financiers ni notre situation et notre réussite professionnelle qui viennent à notre secours, c'est la conviction que nous pouvons trouver en nous, dans la profondeur de notre être, une paix, une force, une certitude d'un autre ordre, la certitude que nous sommes portés par une réalité – et là, je citerai au passage cette phrase de saint Paul dans les Actes : « Dieu n'est pas éloigné de nous. En lui nous avons l'être, le mouvement et la vie. »

Quel que soit le nom que notre tradition donne à cette réalité qui sous-tend le monde des joies et des peines ordinaires, nous pouvons nous appuyer sur les témoignages de ceux qui ont engagé leur vie pour nous dire qu'ils avaient vérifié ce que promettent les Écritures et pour nous promettre à leur tour que leur message est vrai. Il ne s'agit pas d'un leurre. Quand le Christ promet une joie ou une paix parfaite – pas la paix ordinaire – cela n'est pas un leurre. C'est ce qui nous est offert, ce qui nous est proposé et que nous pouvons découvrir en nous-mêmes.

En dehors de tous les problèmes concrets, techniques, que pose le monde actuel et que des spécialistes tentent plus ou moins efficacement de résoudre, il est précieux pour toute la société – et ce n'est pas un luxe, loin de là ! – de témoigner pour la réalité spirituelle et de servir ainsi ceux qui nous entourent. Tous ! On ne peut pas dire que la télévision propose beaucoup d'émissions qui nous redonnent confiance en l'existence et qui puissent intensifier en nous la foi, l'espérance et l'amour. C'est pourquoi il est essentiel de porter ce témoignage dans un monde où il est si peu souvent porté, un témoignage commun, comme celui au nom duquel nous sommes réunis ici, avec des participants qui vont partager avec vous leur expérience, le chemin sur lequel ils sont engagés – je connais plusieurs d'entre eux et c'est une grande bénédiction –, des hommes libres de toute mesquinerie, de tout désir de prosélytisme, vraiment en communion les uns avec les autres. C'est ce dépassement de ce qui pourrait devenir limitation, de ce qui pourrait devenir séparation, qui donne tout son sens à ces journées.
Tout à l'heure, en arrivant à la gare de Nice, avant de venir ici, mon épouse et moi avons pris un taxi pour nous rendre à l'hotel. Le chauffeur nous a demandé « Vous allez au congrès ? » En réalité, il pensait à un autre congrès.

Je lui dis alors en deux mots en quoi consistait celui auquel nous nous rendions et c'est alors qu'il me dit « Ah oui ! C'est très important. Moi je suis contre les religions qui divisent et je suis pour celles qui unissent ». « Je suis d'origine juive, continua-t-il, je suis juif, mais je suis contre l'intolérance. Je n'aime pas les juifs intolérants, je trouve que c'est tellement important d'essayer de se comprendre. »
Les premières paroles de sagesse, je devais ainsi les entendre dès mon arrivée dans votre ville de la bouche de ce chauffeur de taxi. C'est lui qui m'inspire une conclusion à ces propos d'ouverture. Trop souvent les religions ont divisé. Et nous savons que l'étymologie du mot « diable » signifie le « diviseur ». Les religions ont divisé les hommes entre eux, chrétiens et juifs, chrétiens et musulmans, hindous et musulmans, et ainsi de suite, et elles ont divisé les hommes à l'intérieur même des religions : conflit entre l'église occidentale et orientale à l'époque des Croisades et après le premier schisme, guerres de religions entre protestants et catholiques se réclamant du même sauveur, du même message d'amour et de pardon, division entre chiites et sunites, division partout.
C'est une caractéristique de l'esprit humain : ce qui pourrait devenir variété, richesse, multiplicité heureuse, devient facteur de division, de conflit, de peur, de haine, donc de trahison flagrante du message essentiel auquel on voudrait, par ailleurs, être fidèle. Par contre, toujours au cœur de ces mêmes religions, avec leurs valeurs sociales et leurs imperfections, la flamme de la spiritualité est demeurée vivante, cet aspect le plus pur, sans doute le plus convaincant, le plus généreux et accueillant de la vie profonde, la vie intérieure, celle de l'Esprit.
Puissent toutes les religions, et tous ceux qui sont engagés dans une voie ou dans une autre, retourner au cœur fondamental de leur tradition qui est toujours paix,

amour et sagesse, et cela est facile à vérifier. Et puissent ceux dont l'existence intime a été illuminée, pas seulement par des idées, mais par une pratique et une expérience, par une confirmation, et qui savent les trésors que l'on peut découvrir au fond de son propre cœur, partager cette expérience, et la partager *ensemble*. Puissent-ils se dire : « Nous représentons des voies différentes dont nous nous sommes nourris, nous sommes imprégnés par des écritures différentes, des mythes et des symboles différents, mais en ce qui concerne la paix et l'amour, nous avons tous le même message à apporter, nous avons tous la même promesse à faire et, en fin de compte, derrière la multiplicité des voies, il y a la même voie de transformation personnelle et de purification, d'épanouissement intime et d'amour. Nous avons la même voie à offrir. »

L'Homme universel

Cheikh Khaled Bentounes

Sidi cheikh Khaled Bentounes a été élevé dans la tradition de l'Islam, et désigné, à la mort de son père, comme responsable de la confrérie Alawiya par le conseil des Anciens. Il est aujourd'hui guide spirituel de plusieurs milliers de chercheurs de Dieu dans la voie du soufisme. Ce qui est frappant au premier abord, c'est que le cheikh Bentounes se présente comme un homme tout à fait ordinaire, habillé à l'européenne ce qui ne le distingue en rien des autres. Le message de Sidi cheikh vient avant tout du cœur – ce qui, bien entendu, n'est pas étonnant par rapport à ce que vous savez déjà du soufisme. D'un cœur humain et tendre, d'un cœur brisé, parfois, par la folie fanatique d'un Islam défiguré. D'un cœur amoureux de Dieu et des hommes. Ainsi que l'annonce le Coran, comment ne pas être dans la joie devant « ceux dont le cœur frémit au souvenir de Dieu ».

Je rends hommage à mon frère et ami Arnaud Desjardins qui vient, en quelques mots, de nous rapprocher de ce chemin que, dans le Tasawwuf, on appelle le « chemin de la primordialité » ou la

« religion de la primordialité ». Car c'est avec elle que l'Homme, durant toute son histoire depuis le début de cette aventure qu'est l'humanité, a trouvé un sens à sa vie et une espérance dans son propre présent et dans le futur. Car en fait, toujours dans la tradition du Tasawwuf (du soufisme), cette source a jailli avec Adam, l'Adam à la fois mythique et spirituel, homme qui a réalisé ce qu'il était dans son essence et qui a réalisé aussi le dessein divin, la volonté d'une puissance immense qui fit de lui l'héritier du Dépôt divin. Et ce Dépôt, nous l'avons tous en nous car, comme dit le Prophète : « Vous êtes tous d'Adam et Adam est de terre. »

C'est de cet Adam que l'humanité prend son envol. Il est le début à la fois de sa propre réalisation et de son occultation, qu'on appelle le péché. C'est par Adam que nous nous révélons à nous-mêmes, mais c'est aussi par cette révélation que le voilement se fait. Le voilement de cet être universel qui se trouve en chacun de nous.

Nous parlons de religion et Arnaud Desjardins vient de nous dire comment, dans leur profondeur, chacune des religions incarne cette spiritualité originelle, cette sagesse, cette miséricorde et cette bonté. Pourtant, comment ces mêmes religions sont-elles la source des conflits entre les hommes ?

Prenons Jérusalem. N'est-elle pas la ville de la paix, la capitale de la paix ? N'est-elle pas trois fois sainte, vénérée par les juifs, par les chrétiens et par les musulmans ? Cette ville qui doit être le symbole de la fraternité et de la rencontre de ces traditions est aujourd'hui source de conflit et d'incompréhension à un niveau tel que ses propres habitants se voient et se regardent chaque jour comme des ennemis ayant peur l'un de l'autre et réclamant que Jérusalem leur revienne de droit. Alors on s'interroge. Et il est vrai que les hommes qui s'interrogent sur le bien-fondé de ces religions ne sont pas tous animés de véhémence ou de négativité. Il s'agit surtout d'un constat.

Penchons-nous sur ce qui arrive aujourd'hui à l'Algérie, pays dont je suis originaire : comment le mois vénéré du Ramadan, le mois du jeûne et de la prière, le mois de la paix, dont une des exigences religieuses veut que tous ceux qui sont en conflit cessent toute hostilité, comment ce mois de trêve vient-il d'être horriblement désacralisé ? De ce mois de miséricorde, au cours duquel on pratique le jeûne, non seulement de la nourriture mais surtout de toutes les mauvaises actions, qu'a-t-on fait ? On en a fait le mois de la tuerie et de l'assassinat de femmes et d'enfants. On a beau essayer de comprendre, la question demeure : au nom de qui se produit toute cette barbarie ? Qui peut justifier de tels actes, d'une telle haine l'un de l'autre ?
Face à cet état de fait, que peut nous apporter la spiritualité, que peut nous apporter la sagesse ? En quoi cette religion de la primordialité, qui a accompagné l'homme de tous temps, peut-elle aujourd'hui préserver ce qui est humain en nous ? Nous donner cette ouverture, cette tolérance et cet amour ? Comment peut-elle nous donner cette fraternité et, au moins, nous ouvrir à cette perspective d'entendement ? Car tout ce qui se passe là ne fait que renforcer la thèse des chocs de civilisations qui est de plus en plus enseignée dans les universités par des gens éminents et qui soutient l'idée que si deux civilisations sont là, elles ne sont pas faites pour vivre ensemble mais pour lutter ; c'est un choc, et leur survie dépend de la victoire qu'elles remportent l'une sur l'autre. Dès lors, ce monde devient un perpétuel combat civilisationnel entre des cultures. Et ce combat, beaucoup commencent à l'accepter comme un phénomène incontournable. Hier, il s'agissait de la « menace rouge », aujourd'hui c'est la

« menace de l'islam ». Cette thèse circule de plus en plus, soutenue par la plupart des médias qui la nourrissent de plus en plus. Et l'on constate que la méfiance, la peur, l'incompréhension sont de plus en plus répandues. Là aussi, nous pouvons y voir un dessein. D'une part on nous parle de la « mondialisation » – plus de barrières, plus de frontières entre les états et les hommes –, et d'autre part on nous parle du « choc des cultures ». Il y a là un dessein, une volonté de puissance qui trouve son intérêt dans l'affrontement des êtres humains faisant, par cet affrontement, main-basse sur l'ensemble de l'humanité. C'est incontestable.
Le pari se situe entre ceux qui croient que les humains qui peuplent ce monde peuvent partager équitablement, dans la justice et l'entraide, dans l'ouverture, la tolérance et la compréhension, un avenir commun et bénéfique pour tous, et ceux qui croient qu'il faut aller de plus en plus vers un affrontement. Hier c'était est-ouest, demain ce sera Orient-Occident. Le constat que nous faisons en cette fin de siècle ne peut que nous apprendre que le siècle qui arrive commence très mal. C'est pourquoi le soufisme essaye aujourd'hui de véhiculer, au sein de sa propre communauté, mais aussi dans toute la communauté musulmane, l'urgente nécessité pour l'homme de se sentir l'héritier universel, l'héritier d'Adam, de Noé, d'Abraham, de Salomon, de Jésus et de Mohammed.

À la différence de nos enfants, nous les adultes, nous avons déjà nos vérités. Il est important de leur dire que nous sommes tous les héritiers d'une très longue histoire et d'un héritage immense qui a coulé jusqu'à nous de cette source adamique. Je suis l'héritier à la fois de l'islam, du christianisme, du judaïsme, du bouddhisme, de l'hindouisme, etc. Jusqu'au début de cette humanité, je fais partie d'elle parce qu'elle est inscrite dans mes propres gènes. Si je suis là aujourd'hui, c'est parce qu'il y a eu des milliers, voire des millions de personnes avant moi. Parmi elles, il y eut des chrétiens, des juifs, des descendants d'Abraham ou de Noé, etc. Notre existence est le reflet même de tout cet héritage. C'est là où la spiritualité vient temporiser en nous cette animalité et cette agressivité vis-à-vis de l'autre : parce que « l'autre » n'est qu'une partie de moi-même. L'autre fait partie de l'humanité dont je fais moi-même partie. Quelque part, nous nous retrouvons. Quelque part, nos destins se sont croisés. Dans ma propre généalogie, j'ai eu tous les types et tous les comportements connus chez les hommes. J'ai eu parmi mes ancêtres des sages et aussi des assassins. J'ai peut-être eu des rois et peut-être des voleurs. Qui le sait ? Nous contenons tout ce passé, nous le portons en nous.

Et c'est à la lecture de cette spiritualité que nous pourrons découvrir que nous sommes nous-mêmes un livre et que les messages qui nous furent adressés au cours de toute l'histoire de l'humanité ne sont que des chapitres du même livre. Chaque messager, chaque sage, chaque prophète a été l'auteur des chapitres de ce livre de l'histoire de l'humanité dont vous et moi sommes l'incarnation vivante. Ce livre, c'est moi-même. Je suis ce livre même ! Saurai-je y lire ma propre destinée et, à travers moi, la destinée de l'humanité ? Saurai-je retrouver en moi les origines qui me permettent l'accès à l'autre, à la compréhension de ma propre tradition, de ma propre humanité ?

C'est en cela que la spiritualité vient à notre aide, non pour nous donner un vernis intellectuel de compréhension, une suffisance, mais pour nous donner la certitude, la paix et l'ouverture vers l'universel, vers l'Homme universel. Est-ce que je veux devenir cet Homme universel ? L'exigence de cette universalité veut que je sois « responsable », un être volontaire qui accepte sa destinée comme

faisant part de cette humanité composée et faite de diversité. Il est vrai que c'est plus facile à dire qu'à réaliser.
Il est certain que la personne qui vous parle est encore loin d'avoir atteint cet état d'universalité. Mais c'est à cet état que tout cet enseignement invite l'homme à accéder, pour réaliser en lui l'Homme universel. Cet Homme, tout en étant ancré dans la tradition qu'il a choisie, demeure ouvert à toutes les autres parce que, non seulement par commodité, diplomatie ou convenance, mais aussi parce qu'elles sont inscrites en lui-même, en ses gènes, dans l'être intérieur qu'il porte en lui. Si la spiritualité ne nous ouvre pas à cette universalité, alors nous tombons, encore une fois, dans ce paradoxe qui nous fait ajouter aux sectes qui existent encore une autre secte, aux religions qui existent encore une autre religion, aux philosophies encore une philosophie, etc. La vraie réalité est celle qui invite tous les hommes, sans exception et où qu'ils se trouvent, à réaliser cet être universel dont l'unité est de *voir* qu'il est un atome, une cellule du corps qui s'appelle « humanité ».

Dans le drame que vit l'Algérie aujourd'hui, comment cet enseignement peut-il être appliqué sur le terrain ? Ce que nous apprenons chaque jour est terrifiant, bien sûr. Il y a moins de distance entre Nice et Alger qu'entre Nice et Paris. Sur ce terrain, où règne une confusion totale, où l'on ne sait plus qui fait quoi, qui tue qui et pourquoi, où l'on a atteint un seuil de bestialité inimaginable et incomparable, cet enseignement a-t-il ou non une réalité ? Comment peut-il aider ou ne pas aider ? Je vous avoue humblement que la communauté soufie établie en Algérie vit pleinement ce mois de Ramadan dans la joie, la sérénité, dans la prière et la méditation, et qu'autour de ces lieux de prière, qui sont aujourd'hui une référence pour les populations algériennes – dans les villages ou les quartiers – il y a toute une animation. Dès que l'on quitte ces endroits-là, on retombe dans la peur, dans un climat d'hostilité et de tension. Dans ces endroits de fraternité, les habitants font tout pour vivre normalement.

Autour de la communauté soufie il y a bien sûr des sympathisants, mais aussi des gens qui ne sont pas du tout concernés par l'enseignement lui-même. Mais par le fait qu'ils y trouvent des racines, qu'il n'y ait pas de politique, pas même d'aspect religieux – faire la prière ou ne pas faire la prière, jeûner ou ne pas jeûner –, qu'on ne leur dise pas : « Prenez parti pour ou contre Untel », ils se rendent compte qu'il existe des lieux de rencontre pour le bien commun de tous, où chacun vient apporter sa contribution, si petite soit-elle, à la communauté. Nous avons des enseignants qui viennent donner des cours, des informaticiens, des ateliers de couture pour jeunes filles sans métier, des expositions, des conférences, des groupes de musique et des troupes théâtrales, etc. Il y a avant tout un aspect associatif : les gens viennent parce qu'ils ont confiance. Il ne s'agit pas de s'emparer d'eux pour en faire des militants. Ce sont des endroits où l'on parle, tout simplement, un langage universel adapté au malheur qui traverse le pays. Certains viennent de loin et lorsqu'ils sont là disent : « Je n'ai pas ri depuis des mois. » Il y a même de l'humour. Il y a donc encore des gens qui rient, des enfants qui voient l'avenir dans l'espérance, des hommes qui parlent sans se disputer.

C'est ainsi que l'enseignement ne fait qu'améliorer le sentiment d'universalité qui est dans toutes les traditions, ne fait qu'améliorer l'homme et, subtilement, fait triompher le côté humain de l'aspect animal ; découvrir en nous une autre attitude, même si elle n'est pas pleinement réalisée, dans la fraternité, dans l'amour du prochain, une attitude qui, fondamentalement, ne nuit pas à l'autre. Le premier enseignement soufi est : « Ne fais pas à l'autre ce que tu ne veux pas que l'on te fasse. » Ne mens pas à l'autre puisque tu ne veux pas qu'on te mente. Ne tue pas puisque tu ne veux pas être tué. Dans la tragédie qui traverse l'Algérie, il y a ce travail. Et je vous assure qu'il est réel, qu'il est porteur. Malheureusement, personne n'en parle. Bien sûr, les médias parlent de la tragédie, mais cet aspect qu'est notre travail, on ne le voit pas. Et pourtant, il se vit au quotidien, pour revenir à cette spiritualité.

Si nous sommes capable de vivre cette spiritualité dans l'universel, elle nous aidera à construire le monde meilleur dont nous rêvons tous et que nous souhaitons tous, ne fût-ce que pour nos enfants et nos petits-enfants. Quel est le constat aujourd'hui ? De plus en plus de pollution, de plus en plus de nuisance, de plus en plus de promesses idéologiques qui s'effondrent l'une après l'autre. Hier encore, on nous disait que la vie la plus pure était en Asie. Aujourd'hui, l'Asie est en crise, une crise économique qui fait craindre une catastrophe à l'échelle mondiale.
Nous voyons que la solution pour l'humanité n'est pas seulement dans les perspectives tracées par les systèmes économiques, politiques ou scientifiques. Il y a aussi cette part de sagesse qui se trouve dans toutes les traditions et qui a sa place dans la coordination pour la gestion du monde d'aujourd'hui et de demain. Il est urgent que les lois s'inspirent de cette sagesse. Il est important que l'on puisse la rencontrer, qu'on en parle et qu'elle pénètre dans les parlements, qu'elle se hisse à l'échelle des hauts décisionnaires européens, de l'ONU, voire de la planète entière. Pour cela, il faut lui redonner la parole, qu'elle puisse s'exprimer. Il est indispensable que des dirigeants des différentes religions puissent se rencontrer à l'échelle internationale et pas seulement sous forme de show médiatique, pour se rencontrer sur des points cruciaux qui concernent l'avenir de l'humanité et donner de véritables réponses. Il est également important que cette sagesse

puisse pénétrer à l'intérieur des murs des écoles, qu'elle fasse partie de l'enseignement. La spiritualité n'intéresse pas que notre petite personne. Ma propre réalisation ne pourra se faire alors que je ne vois autour de moi que chaos et sang, pauvreté et misère. Pour un homme spirituel, c'est une blessure au fond de lui-même. Il ne peut pas fermer les yeux, parce que Dieu est aussi l'autre. Si je suis un chercheur sincère de Dieu, de l'Esprit, comment ne pas être blessé à la vue de la famine, de l'agression, de l'injustice ? Tout être spirituel vit pour donner à cette humanité des remèdes pour qu'elle soit meilleure, qu'elle vive dans la joie et dans la fraternité. Je crois que c'est le cas de tous les sages qui ont incarné cette spiritualité et qui ont œuvré dans le sens de la tradition universelle.

Telles sont les quelques idées que j'avais aujourd'hui en moi et que je voulais partager avec vous. Est-ce un rêve ? Bien entendu, le rêve d'une seule personne n'ira jamais très loin. Mais s'il est partagé par un nombre croissant d'individus sincères, peut-être demain deviendra-t-il réalité. Et quand nous sommes dans le chemin de l'espérance, nous ne pouvons pas baisser les bras. Nous ne pouvons pas dire : « Le monde est ce qu'il est, je n'y peux rien... De toute manière je suis faible. » Certes, il faut rester dans l'humilité : changer le monde c'est une grosse affaire, mais si je commence par moi, mes amis, mes enfants, en leur faisant découvrir qu'ils sont les héritiers de la tradition universelle et les porteurs de l'humanité et que cette humanité est en eux, voilà le véritable changement. J'aurai alors participé à une amélioration et à un rapprochement entre les êtres humains.
Que Dieu nous préserve et qu'Il illumine nos cœurs de Sa lumière, de Sa bonté et de Son amour.

Concernant l'Algérie, d'un point de vue spirituel ne trouvez-vous pas que la présente barbarie est véritablement de nature diabolique et qu'il faudrait inviter la population à vraiment se battre ?

L'attitude des communautés soufies a été clarifiée dans mon énoncé. Inciter la population à se battre n'est ni de mon ressort ni mon rôle. Je ne peux pas dire : « Guérissez le mal par le mal. » Pendant ce mois sacré du Ramadan, nous assistons à un basculement qui va à l'encontre de toutes les références spirituelles ou religieuses. C'est l'inverse de tout ce qui est lié à la miséricorde, au sacré, à la tolérance. On va à l'opposé.

Si j'avais quelque chose à dire à mes frères algériens avec qui je partage ce malheur, je raconterais l'histoire suivante. Il y a le paradis et l'enfer et, entre eux, un mur. Ce mur commençait à se fissurer. L'ange gardien du paradis demanda au gardien de l'enfer, qui n'est autre que Satan, de rebâtir ensemble le mur. Satan répondit : « Moi, ça ne m'intéresse pas. Si tu veux le réparer, tu le répares tout seul, ce n'est pas mon affaire. » L'ange lui dit alors : « Mais c'est un mur mitoyen, donc chacun doit apporter sa contribution. » Satan rétorqua : « Débrouille-toi, moi je ne fais rien. » Alors, l'ange du paradis le menaça : « Je vais te faire un procès. – Rien ne t'en empêche, répondit Satan. Mais as-tu réfléchi à une chose ? – À quoi ? demanda l'ange. – Regarde, lui dit alors Satan, où vas-tu trouver un avocat, ils sont tous chez moi ? »

Si on répond à la violence par la violence, on n'en finit pas. Le sang appelle le sang, et prendre les armes... contre qui et pour qui ? C'est le même peuple, les mêmes frères, la même famille. C'est autre chose, qu'il faut souhaiter. Il s'agit au contraire d'introduire un remède. Il faut peut-être commencer par isoler ces gens-là afin qu'ils ne soient

plus comme un poisson dans l'eau. Et le refus ne doit pas seulement être politique. Il existe déjà au sein de la population où tous les algériens souhaitent la paix, et avant tout la paix du cœur. Dans l'islam, le mot « paix », *Salâm*, est un nom divin. Dans la symbolique des noms, c'est « le cœur du Divin », le sixième nom. Dieu est avant tout *Salâm*, Il habite le cœur.
Le premier verset du premier chapitre de chaque sourate commence par : « *Bismillah ar Rahmân ar Rahîm* », « au nom de Dieu le Clément et le Miséricordieux ». Il se fait connaître à l'humanité par la clémence et la miséricorde. Comment, dans une tradition où toutes les prières commencent par ces mots, peut-on inverser cela, comment peut-on oublier cette clémence et cette miséricorde ?

Justement, si des démons attaquent cet état il faut peut-être bien arriver à se défendre !

Notre réponse, c'est ce pari. Tous les jours prêcher encore et encore cette miséricorde. Le quartier de Mostaganem dans lequel nous travaillons aujourd'hui était un fief de ceux qu'on appelle aujourd'hui des intégristes. Il y avait beaucoup d'enfants livrés à eux-mêmes. Ils vivaient souvent à dix dans une chambre, et pour se retrouver, ils n'avaient que la rue. Pas de terrains de jeux, pas de centres de loisirs, pas d'écoles pour les adolescents, pas de métier et pas de formation. Seule l'errance, à la merci du désarroi. Ces enfants étaient des proies facile pour les idéologies extrémistes. On leur dit : « Tu es ceci, tu es cela », « L'islam c'est ceci, l'islam c'est cela », renforçant en eux une sorte d'ego de superman. Tout cela parce qu'ils n'ont trouvé personne pour leur parler et pour les écouter, pour s'occuper d'eux ou les accueillir. Ces enfants-là voulaient, avant tout, exister. Cette volonté d'exister est vite devenue : « Puisque vous ne voulez-pas me reconnaître, je vais devenir pire, je casse tout. »

L'histoire politique récente nous a enseigné que les régimes autoritaires s'accomodent très mal en général de la présence des soufis sur leur sol. Je pense notamment à la politique du général Zhia envers quelques confréries soufies ou à ce qui s'est passé en Afghanisthan avec la disparition de grands maîtres afghans. À terme, ne craignez-vous pas pour la vie de vos frères qui sont restés en Algérie ?

Le soufisme porte en lui la voie de l'espérance. Il a aussi derrière lui une longue histoire, avec des persécution. Il en a vu d'autres ! Le Tasawwuf est une mémoire de sagesse, qui est là, même si parfois on peut craindre pour sa vie.

La voie du zen : de la méditation à la voie éveillée

Roland Rech

Moine zen, Roland Rech fut très proche de maître Taisen Deshimaru en tant que disciple. Il est actuellement vice-président de l'association Zen internationale et de l'Union bouddhiste de France. Immergé dans le milieu de l'industrie dans lequel il a travaillé pendant douze ans il est devenu par la suite psychothérapeute. Il est l'auteur de Moine zen en Occident (éd. Albin Michel). Il parcourt l'Europe et enseigne au dojo de Nice, où il vit.

Au début des années soixante-dix, j'ai quitté l'Europe, parce qu'après avoir commencé à travailler dans l'industrie, il m'est vite apparu que je n'étais pas seulement sur cette Terre pour produire des biens matériels, gagner de l'argent et entretenir un système économique dont je ne voyais pas la finalité humaine. Par ailleurs, il me semblait que la plupart des entreprises humaines qui avaient essayé d'apporter plus de sens à la vie, à travers des tentatives de révolutions, ou de changements sociaux, avaient abouti à de grandes déceptions. Toutes les révolutions du XXe siècle ont été

trahies les unes après les autres et beaucoup d'espoirs ont été déçus. D'autre part, la religion de mon enfance ne me satisfaisait plus, car je l'avais reçue comme un ensemble de croyances qui n'étaient pas vivantes pour moi. Dès lors, il m'était difficile de revenir à la pratique du christianisme. Il m'a fallu faire un long voyage qui m'a conduit progressivement vers le Japon, et qui m'a permis de me rendre compte que la chose essentielle dans ma vie était d'avoir une pratique de méditation qui me permette de tourner mon regard vers l'intérieur et de trouver en moi-même ce qui pouvait être un facteur de paix, de libération et de sens de la vie.
La rencontre qui fut pour moi déterminante fut celle de la pratique de la position de zazen dans un petit temple de Kyoto, à une époque où, ayant beaucoup voyagé, beaucoup réfléchi, je désespérais totalement d'aboutir à une voie qui soit véritablement une issue, pas seulement pour moi mais que je puisse aussi partager avec les autres. La découverte de cette pratique a été une très grande révélation, et j'ai l'impression que toute ma vie jusqu'alors n'avait eu d'autre sens que de m'amener à ce point de désespoir qui m'a conduit à m'asseoir finalement face à un mur, à m'arrêter de courir après toutes sortes de chimères, toutes sortes d'objets, et à simplement essayer de découvrir ce qui pouvait être en moi-même le fondement du sacré. Le fondement du divin.

Je me suis dit que si l'homme est fait à l'image de Dieu, alors cette image doit se trouver en nous-mêmes, et, par une grande intimité avec soi, il doit être possible d'en percevoir quelque chose qui soit de l'ordre d'une expérience fondatrice. C'est de cette expérience que je voudrais vous entretenir aujourd'hui.
Pour moi, elle est intervenue au mois de juillet 1972, mais c'est une expérience fort ancienne et qui s'inscrit dans

une tradition. Avant de vous parler précisément et d'indiquer comment cette expérience-là peut nous aider à retrouver un sens à notre vie, une dimension sacrée et également une possibilité d'agir dans ce monde à tel point déchiré et désespérant, j'aimerais vous dire que cette pratique n'est pas, comme certains croient, une pratique japonaise récente, et dont beaucoup ne voient pas très bien comment elle pourrait nous aider alors qu'elle est issue d'un Japon lui-même essentiellement concentré sur la réussite technologique et économique.

En réalité, le bouddhisme zen n'est pas japonais. Je suis persuadé que le zen est universel. En tout cas, il trouve son origine dans la quête d'un homme, le Bouddha Çakyamuni, qui vécut il y deux mille cinq cents ans en Inde et qui s'est posé des questions extrêment modernes, voire très actuelles. Par exemple, quel pouvait être le sens de la vie humaine lorsque la naissance est souffrance, séparation, chute dans un monde dans lequel nous allons devoir assumer seul notre autonomie, coupés non seulement de notre unité avec le corps de notre mère mais aussi avec le cosmos – l'unité qui pré-existait à notre naissance et que dans le zen on appelle « *retrouver notre véritable visage d'avant la naissance* » ; c'est l'état religieux profond de l'être en harmonie avec tous les êtres de l'univers réalisé dans la pratique du zazen.

Le Bouddha avait rencontré cette souffrance de l'impermanence : la maladie, la vieillesse et la mort, souffrance qui vient du fait aussi que nous ne pouvons pas toujours obtenir ce que nous désirons et le garder, que nous ne pouvons pas toujours éviter ce qui est cause de désagrément et de douleur. Comment, dans un monde où nous nous heurtons, où notre ego se heurte, à tant de causes de souffrances, pouvoir réaliser un état de paix intérieure et de liberté, et comment trouver un sens à cette vie qui, par ailleurs, paraît parfois tellement absurde ? Après une

longue ascèse, le Bouddha s'est décidé à simplement s'asseoir au pied d'un arbre dans la posture de zazen.
C'est dans cette posture de méditation qu'il est devenu l'Éveillé. Et les personnes qui, à notre époque, s'engagent à pratiquer cette posture du zazen, tentent de refaire le même chemin que le Bouddha Çakyamuni, c'est-à-dire, partant de nos illusions, de nos souffrances et de nos doutes, nous nous concentrons sur une méditation qui va nous aider à apprendre à nous connaître nous-mêmes, à nous transformer et à réaliser une voie spirituelle à partir de la réalité de notre vie.

Comment pratiquons-nous ce zazen ? D'abord nous donnons une importance concrète à la pratique de la posture. Un des principes fondamentaux du zen est l'unité du corps et de l'esprit. Il n'est pas possible de trouver un état d'esprit stable et équilibré si le corps est tendu, agité, la respiration stressée. En premier lieu, on s'assoit jambes croisées sur un coussin, qui nous permet de trouver une bonne stabilité, on place la main gauche dans la main droite, les pouces horizontaux et les mains en contact avec le bas-ventre, on redresse bien le dos, on détend les épaules. On se concentre sur la verticalité de sa posture et on se détend. Dans cette posture se réalise déjà quelque chose de profondément spirituel. Notre corps devient le trait d'union entre le Ciel et la Terre. On pousse le Ciel avec le sommet de la tête, on pousse la Terre avec les genoux. On tourne son regard vers l'intérieur. On observe son propre corps et on se rend compte à quel point nos peurs, nos colères, nos émotions viennent s'y imprimer, créant des tensions dans nos épaules et dans le plexus solaire, et on apprend à détendre les épaules et le ventre, à relacher les tensions du dos qui est souvent douloureux quand on a l'impression de porter dans sa vie des choses qui nous sont insupportables. En zazen, par la simple concentration sur la posture, s'opère déjà un retour à une condition d'être stable, équilibré, calme avec un corps qui se trouve constamment ici et maintenant, alors que notre esprit a toujours tendance à s'échapper dans un ailleurs. La concentration sur la posture nous permet déjà, en zazen comme dans la vie quotidienne, d'avoir un ancrage dans une réalité concrète qui est celle de notre corps qui n'est jamais séparé de tout l'univers. C'est notre esprit qui crée sans cesse des séparations.

À cause de notre éducation intellectuelle, de la prédominance du cerveau gauche, celui du langage, nous sommes souvent coupés de nous-mêmes et du monde qui nous entoure. Cet esprit dualiste qui domine notre civilisation moderne est l'une des causes fondamentales des conflits et de la violence. La pratique de zazen est une tentative de retrouver l'unité à partir de choses simples, notamment d'être conscient, toute la journée, d'être incarné. D'être dans ce corps, qui est le Ciel et la Terre, qui ne peut à aucun moment exister sans être constamment relié à tout l'univers, sans recevoir l'énergie, sans recevoir l'air qu'il respire, sans recevoir la lumière.
Le fait de se centrer sur son corps est une grande aide. Par exemple, dans la vie quotidienne, si vous êtes soumis à des émotions, de l'agressivité, de la colère, si vous prenez le temps de vous asseoir, de respirer calmement quelques instants, vous verrez cette émotion ou cette tension se calmer. Il y a déjà là une clé fondamentale pour être relié à soi-même et aux autres dans un état d'esprit beaucoup plus paisible.
Ensuite, le fait d'être « dans son corps » nous permet d'être plus présents, alors qu'une des grandes anxiétés de l'être humain a pour objet l'impermanence et la mort. C'était d'ailleurs le point de départ de la quête du Bouddha Çakyamuni et c'est celui de beaucoup de quêtes spi-

rituelles. Il y a, dans la présence à soi, instant après instant, dans son corps et dans sa respiration, la possibilité d'expérimenter quelque chose de l'ordre de l'éternité de l'instant. Cet état d'être ici et maintenant, qui est au-delà de l'avant et de l'après, cet état d'esprit dans lequel on est pleinement là, pleinement un avec soi-même et ceux qui nous entourent et dans lequel on laisse se dissoudre tout ce qui fait séparation, tout ce qui fait barrière, il nous est possible de le vivre tellement pleinement qu'il ne nous manque rien.

Telle fut l'expérience fondamentale que je connus aux débuts de ma pratique de zazen. J'étais arrivé à l'autre bout du monde, dans un état de tension et de désespoir profond, et je me rendais compte que, d'un seul coup, au fond, tout m'était donné depuis l'origine, pourvu que je sache tourner le regard vers l'intérieur et je découvrai que moi-même et tout l'univers – moi-même et Dieu, moi-même et la nature – n'avons jamais été séparés que par une illusion. L'illusion d'être identifié à cet ego, à ce moi qui dit « je » et qui finit par se prendre au sérieux, s'oppose aux autres, crée toutes sortes de conflits, de rivalités, voire de meurtres.

L'assise en zazen est également l'occasion, dans ce regard tourné vers l'intérieur, d'apprendre à se connaître soi-même à différents niveaux.

Le premier niveau qui me paraît très important dans un cheminement spirituel, c'est d'être capable d'éclairer ses propres ombres, c'est-à-dire d'être capable de regarder comment nous fonctionnons intimement à chaque instant. De voir comment je m'identifie à ce moi instant après instant, comment je vais être vexé par un regard, par le fait qu'on ne me prêtera pas l'attention que j'attendais, comment se manifeste mon ego dans toute les petites choses de la vie quotidienne, l'impatience, etc. Il y a la nécessité de se rendre compte que nous portons en nous la graine de toutes les passions humaines. Que le mal n'est pas à l'extérieur , que les gens qui sont dans l'erreur ne sont pas les autres et que je porte en moi potentiellement l'intransigeance, peut-être même le fanatisme, l'égoïsme. Et d'éclairer cela intensément de manière à laisser se dissoudre ces ombres, afin que cela n'agisse pas à mon insu et ne m'entraîne pas dans des comportements qui seront nocifs pour les autres et pour moi-même.

La première chose que nous procure la pratique de zazen c'est cette vigilance, cette lucidité, cette attention au fait que nous sommes animés constamment par des désirs, l'avidité, le besoin de prendre ou de rejeter. Comment nous sommes souvent dans la méconnaissance de l'autre, parce que nous le voyons au travers du filtre de nos préjugés et de nos opinions, et comment tout cela est dangereux, facteur de guerres et de conflits. Par ce regard tourné vers l'intérieur il y a une purification de ce qu'on appelle les facteurs de notre *karma*, ce qui nous pousse à agir, et je crois qu'avant toute chose, l'éveil est d'être capable de s'éveiller au sujet de ses propres illusions. De projeter sur elles la lumière de la méditation et ainsi de purifier tout ce qui, en nous, est limité, étroit, égoïste.
Quand on pratique, on ne se contente pas simplement d'être dans cet état d'observation de ce qui surgit de l'intérieur. On est dans un état de profonde concentration dans lequel on réalise un esprit qui ne s'attache à rien. Ce qui va être libérateur, c'est que, quoi qu'il surgisse, on n'y adhère pas. On regarde toute chose apparaître dans le miroir de l'esprit et on ne suit pas quoi que ce soit. On ne suit pas ses impulsions, on reste immobile, calme, concentré dans sa respiration, et ainsi on apprend, très concrètement, le lâcher-prise, à ne pas s'identifier à quoi que ce soit.

Cette manière de voir tous les phénomènes surgir de l'intérieur – ou même des perceptions venant du monde extérieur – devient un facteur de grande liberté intérieure, une possibilité dans notre action quotidienne d'être à l'écoute de nos motivations profondes et de nous rendre compte de ce qui nous anime à certains moments : s'agit-il de notre ego, de notre vouloir, ou est-ce autre chose qui est au-delà de cela ? Est-ce ce qu'on appelle « l'état de Bouddha ? » Est-ce l'esprit du Christ ? Est-ce l'esprit de Dieu qui m'anime maintenant ? Essayer d'avoir ce discernement constant de ce qui anime notre corps et notre esprit à chaque instant. Cette présence, cette attention, cette lucidité me paraît être le point fondamental qui fait le lien entre être assis en méditation face à un mur dans le calme et notre action dans la vie quotidienne.

Mais ceci n'est pas encore suffisant. La grande découverte du zazen est que tout ce que je crois être moi, tout ce à quoi je me suis identifié depuis mon enfance comme étant ma personnalité, ce que je crois être le point de repère de tous mes attachements égotiques, n'est autre qu'une construction fictive et imaginaire. Je pourrai méditer pendant des mois et des années sans jamais saisir ce moi. Bien sûr, je verrai toutes sortes de phénomènes surgir dans mon esprit – des désirs, des pensées, des images, des rêves, des attentes et des peurs –, je pourrai contempler ce corps, cette respiration, mais à aucun moment je ne pourrai saisir quelque chose de fixe, dont je puisse dire : « Ceci est moi. » Cette découverte est merveilleuse. Du point de vue de la pratique bouddhiste, cette découverte est le facteur le plus fondamental contre le plus grand danger pour l'avenir de l'humanité : que chaque être humain s'identifie à son petit ego au détriment des autres.
C'est à ce moment-là que surgit la véritable dimension spirituelle et religieuse qui se trouve au fond de l'être. Par

delà cette illusion, cette erreur que j'avais commise de m'identifier à une image de moi, je réalise que mon être n'est fait que de rencontres et de partages, qu'aucune des cellules de mon corps n'existe indépendamment de tout l'univers. À aucun moment ce corps pourrait subsister sans recevoir sa nourriture ; aucun être humain ne peut vivre sans être relié à ses semblables. Rien de ce qui constitue, par exemple, notre langage, qui est notre héritage spirituel et culturel, de ce qui nous constitue au niveau biologique et cellulaire, comme au niveau de l'activité de notre esprit et de notre pensée, rien ne nous appartient en propre. Comme le disait fort bien le cheikh Bentounes, nous sommes un héritage, non seulement de toute l'humanité, mais l'héritage de tout l'univers. Et si nous réalisons cela, les limites de nos perspectives s'ouvrent vers une dimension universelle, une dimension infinie.

C'est ce qui va devenir le fondement de ce qu'on appelle l'« activité éveillée », qui s'enracine, non pas dans nos désirs d'assouvir nos ambitions ou de nous protéger contre ce qui nous fait peur, mais dans le désir de vivre profondément en harmonie avec ce qui nous est révélé de l'essence de notre existence à travers la pratique de la méditation. Notamment, le sacré n'étant pas quelque chose qui brille mystérieusement au fond du firmament, mais ce qui nous est le plus intime et que nous partageons tous ; vous et moi ne sommes à aucun moment fondamentalement différents ni séparés. C'est ce que nous actualisons lorsque nous nous saluons après la méditation, en *gasho*, mains jointes devant le visage. Ce geste exprime à la fois l'unité du corps et de l'esprit, le profond respect de l'autre et de la nature du Bouddha qui existe en chaque être. Et comme le disait maître Kodo Sawaki, qui a malheureusement participé à un conflit en Chine lorsqu'il était engagé comme soldat, « si au milieu d'un conflit violent vous joignez les mains en *gasho* et vous inclinez devant l'autre, immédiatement l'esprit d'opposition s'évanouit et la communion entre deux êtres humain peut se réaliser ». Ce geste-là a désarmé bien des agressivités et bien des conflits.

Dans la vie quotidienne, les jeunes sont souvent déboussolés, souvent désespérés par le chômage et l'absence de sens, la vie est souvent vécue comme une « galère », et même si certains savent qu'il y a sûrement une dimension sacrée de la vie, cela leur apparaît pour la plupart très lointain ou réservé à des vieux. Depuis son origine, la pratique du zen est la pratique du sacré dans la vie quotidienne, c'est-à-dire que même boire une tasse de thé est un geste sacré. Si une action est vécue dans le partage avec l'autre avec un esprit de présence au geste et de communion, le travail est sacré. Du point de vue du zen, le travail n'est pas, comme l'étymologie de la langue française peut le laisser croire, une torture, une malédiction, le fruit d'une chute, d'un péché originel, mais un service que nous appelons *samu*. Comment, à partir de notre méditation quotidienne, allons-nous pouvoir employer ce corps et cette énergie qui nous est donnée au service des autres ? Comment allons-nous pouvoir le faire en ne distinguant plus le profane et le sacré ? Comment allons-nous arrêter de mettre entre parenthèses la moitié ou les trois-quarts de notre vie que nous allons passer à gagner notre vie tout en ayant l'impression désespérante de la perdre ? En faisant de chaque geste une pratique de méditation.
Dans un temple zen, nettoyer les toilettes, préparer la cuisine, faire le ménage, cultiver le riz, planter des arbres, aller chercher de l'eau, sont des gestes sacrés dans lesquels on va pouvoir être corps et esprit, totalement en unité avec la réalité présente et s'oublier soi-même complètement dans l'acte. Acte qui se fait dans un esprit de don, de service.

Si quelque chose de cet esprit-là pénètre notre activité quotidienne – aller au bureau ou à l'usine, travailler dans les champs ou dans un magasin... –, tout ce qui apparaît souvent comme des activités vulgaires et profanes va être vécu d'une manière complètement différente. La qualité de notre relation avec les autres va se trouver différente, car avec cet état d'esprit, nous ne travaillons plus pour affirmer notre ego et faire carrière. Et cela se ressent autour de soi, il y a une paix et une joie dans l'accomplissement des choses les plus simples. Il n'y a plus de corvée. On a envie de collaborer, de partager, de faire ensemble, de participer aux activités, quelles qu'elles soient.

Bien que l'on dise que le zen n'a pas l'esprit de profit, il produit le profit pour le plus grand nombre et fait que notre entreprise va être un service, va permettre à ceux qui y travaillent à s'épanouir, aider les clients et les fournisseurs à trouver un bon service. C'est ce que j'ai expérimenté pendant dix ans alors que je travaillais en entreprise et pratiquais en soirée avec maître Deshimaru, jusqu'au moment où j'ai quitté le monde de l'entreprise pour me consacrer à l'enseignement de la pratique du zen, parce qu'on me proposait des responsabilités plus importantes qui seraient venues en contradiction avec ce que ce voulais faire concernant le partage de la pratique du zen.
Je ne vois aucune contradiction entre être dans une dimension sacrée, spirituelle et altruiste et une certaine efficacité dans le monde matériel. D'ailleurs, la pratique de zazen rend extrêmement créatif, attentif au perpétuel changement de toutes choses, à ce qui change à l'intérieur de nous comme dans notre environnement, et rend toujours prêt à s'ajuster au mieux par rapport à la situation du moment, à trouver la réponse la plus adéquate par rapport à un interlocuteur ou à une situation. Elle favorise

une grande présence d'esprit qui est constamment aiguisée par la pratique ininterrompue de la méditation.

Réaliser l'unité avec les autres va devenir le fondement d'une éthique qui n'est pas nouvelle. Nous trouvons un nouveau fondement pour des valeurs qui, elles, sont éternelles mais dont on avait perdu la trace d'origine. Parce qu'il y a un phénomène de déchristianisation, d'absence de culture religieuse dans nos sociétés, parce que les religions ne se montrent pas toujours sous leur meilleur jour et n'inspirent pas la confiance qu'elles devraient inspirer, les jeunes et les moins jeunes, ne savent plus, à l'heure actuelle, par où retrouver un fondement de l'éthique, du bien et du mal, de quelque chose qui puisse guider notre comportement dans la vie quotidienne. La pratique de zazen nous enseigne qu'on peut trouver cela au fond de son propre cœur. Car si je réalise intimement que vous et moi ne sommes pas séparés, que vos souffrances sont les miennes, que vos joies sont les miennes puisque nous participons de la même condition humaine, en prenant l'habitude d'explorer les mouvements de mon cœur, je devine le mouvement du vôtre, je ne pourrai plus être agressif, je ne pourrai plus avoir envie de dominer quelqu'un d'autre.
Au contraire, je vais tout naturellement avoir envie de protéger toute vie, qu'elle soit humaine, animale ou végétale. Pas seulement dans un souci écologique et, somme toute, dans un égoïsme bien conçu, mais par amour : là se trouve la source d'une nouvelle éthique, d'une nouvelle écologie qui n'est pas fondée sur des lois ou sur des interdits. Si je suis centré sur la réalité fondamentale de l'existence que nous avons en commun, il n'est plus possible de tuer. Il n'est plus possible de tuer en moi cette nature divine qui m'habite. Il n'est pas possible de mettre en friche cette nature de Bouddha qui ne demande qu'à germer et à s'épanouir.

Qu'ai-je de mieux à faire dans ma vie sinon de cultiver cette dimension spirituelle qui existe en chacun et qui est souvent recouverte par toutes sortes d'illusions qui nous font souffrir et nous donnent l'impression de mener une vie inutile et insensée ? D'autre part, si je suis vraiment centré sur la réalité de mon existence, il n'est plus possible de mentir. Il n'est plus possible de m'identifier au masque que j'aime montrer aux autres pour me montrer sous mon meilleur jour. Au contraire, je vais avoir envie d'être le plus juste, le plus authentique possible, car dans la pratique de notre méditation il n'y a pas de jugement, il n'y a pas de condamnation, il n'y a pas de répression. On apprend à être bon avec soi-même comme avec les autres. On apprend à se dire : « C'est ainsi », et c'est par cette acceptation de notre part lumineuse comme de notre part d'ombre qu'il pourra y avoir amour de l'autre et amour de soi-même, seul facteur possible de transformation. Alors plus besoin de mentir, car plus besoin de se cacher. Plus besoin d'avoir peur d'être ce que l'on est.
Cet état d'esprit instaure dans la relation humaine une qualité de sincérité, d'honnêteté, de partage dans la vérité, qui sera une aide pour tous les êtres que nous rencontrerons dans notre vie. De la même manière, voler, s'emparer de ce qui ne nous appartient pas, non seulement ne sera plus possible, mais il y aura une sorte d'éveil à ce questionnement : qu'est-ce qui, au fond, peut m'appartenir en cette vie, si même ce corps, que je vais devoir abandonner au moment de ma mort, ne m'appartient pas ? Il m'a été donné par l'amour de mes parents et entretenu par toute l'énergie de l'univers et l'affection qui m'a entouré. Même ce qui m'est le plus intime ne m'appartient pas. Comment pourrais-je me centrer sur cet esprit possessif, sur cette avidité de toujours vouloir plus pour moi ? Du coup, l'acte de ne pas voler s'inverse dans un désir de partage et dans la pratique du don. Une pratique qui, je crois, pour

l'avenir de notre société et de la vie tout entière, deviendra nécessaire pour que nous développions tous un sens intime de la solidarité et du partage, que ce soit des biens matériels, des connaissances, de la sagesse, de l'amour, de la compassion. Ne fût-ce qu'un regard, un sourire.

Un des autres préceptes du zen concerne l'amour, l'amour que l'on « fait », comme on dit, mais qui n'est qu'une caricature de l'amour, un égoïsme partagé, une passion dévorante qui crée beaucoup de jalousie, de souffrance et d'inquiétude, alors que l'amour véritable vécu entre deux êtres humains peut être, au contraire, un facteur d'éveil et de libération s'il est vécu dans sa réelle dimension, c'est-à-dire dans la communion avec l'autre, respecté dans sa nature de Bouddha. Un amour qui aura pour sens et destination d'aider l'autre à se développer, à se révéler dans sa nature la plus profonde, et d'encourager l'un et l'autre dans le couple à se soutenir, à se stimuler dans la voie qu'ils partagent ; même s'ils ne partagent pas les mêmes croyances et les mêmes convictions, ils sont en tout cas sur le même chemin et vont vers la même destination.

Enfin, cette non-dualité avec l'autre, avec la nature qui nous fait l'aimer non plus comme quelque chose qui nous est donné pour que l'on s'en empare, pour qu'on le domine, mais comme notre propre monde en lequel nous aimons et auquel nous participons, qui nous constitue et que nous respectons, parce que nous ne sommes pas différents de l'arbre que l'on va abattre, nous ne sommes pas différents ni séparés de la fleur que nous sommes tentés de cueillir. La pratique de la méditation va nous faire développer un respect maximum de tout ce qui est vivant, afin que cela reste disponible pour le regard et la jouissance de tout le monde et pour l'être vivant qui est là en face de moi. Cette perception de l'unité, la pratique du

zen nous induit à la développer jusqu'au point de ne pas se sentir séparés de ce qui généralement est considéré comme le « tout-autre », le radicalement transcendant qui est Dieu. Cet être qui, malheureusement, semble souvent si loin, alors qu'il a créé les êtres à son image – loin parce que nous en faisons des conceptions, des notions, des idées et des représentations.
Si nous laissons se taire en nous cet esprit qui cherche à saisir, à comprendre intellectuellement, à enfermer ce qui par essence ne peut être limité par quoi que ce soit, ce qui déborde toutes les frontières et tous les concepts, si nous laissons se taire en nous ce mental pour réaliser un état de vacuité intérieure et de disponibilité, un sentiment de communion, d'intimité avec cette dimension infinie va se révéler et pouvoir être contacté au plus profond de soi-même ; cette expérience-là induit une véritable révolution spirituelle qui viendra nourrir notre foi pour en faire une réalité vivante, laissant au fond de nous un seul désir : partager cela avec les autres.

Je suis très heureux de pouvoir témoigner que cette expérience existe. Toutes les religions ont des pratiques de méditation, le zazen n'en a pas l'exclusivité. Mais comme le disait maître Deshimaru : « Malheureusement, toutes les traditions spirituelles ont souvent oublié cette expérience fondatrice et maintenant nous cherchons tous un chemin pour la retrouver. » Et si s'asseoir et respirer calmement, tourner son regard vers l'intérieur peut être une porte d'entrée dans ce chemin.

Questions-Réponses

Vous avez mis l'accent sur l'importance de la posture physique dans le zazen. Pour moi, cette posture est une véritable torture. Cela fait cinquante ans que mes genoux me font mal et, comme je suis assez perfectionniste, je trouve cela très frustrant. Cela veut-il dire que, pour moi, et beaucoup d'autres personnes, cela enlève une possibilité de méditer ?

La pratique du zen n'est pas limitée à une assise jambes croisées dans la posture du lotus. C'est une posture qui a été retenue par le Bouddha, par les moines et les maîtres de la transmission parce qu'elle donne une stabilité particulièrement grande, une possibilité d'avoir une meilleure circulation de l'énergie. Mais ce n'est absolument pas requis.

L'important, c'est de pouvoir prendre la meilleure position assise avec le corps que l'on a. On peut s'asseoir sur un tabouret, ou sur une chaise à condition de ne pas s'effondrer dans le dossier. Où que ce soit, essayer de s'asseoir avec le dos droit, le menton rentré, la nuque et la colonne vertébrale étirées, les genoux un peu plus bas que le bassin, les pieds croisés devant soi ou ramenés sous un siège et les mains ouvertes, pouces horizontaux dans ce *mudra* des mains du zazen.

Vous pouvez ainsi faire zazen quelques minutes devant votre bureau, votre table, où même devant votre ordinateur. Si vous avez besoin de faire une pose de temps en temps, dans votre voiture, n'importe où. Si vous ne voulez pas avoir une attitude trop démonstrative en prenant une pose de méditation, vous mettez simplement les mains sur les genoux et vous vous centrez sur votre respiration, sur votre posture et surtout, vous apprenez à être vraiment présent dans votre corps, dans votre respiration, dans vos gestes, à observer ce qui surgit à chaque instant dans votre esprit, et à ne pas « méditer » au sens de ne pas vous emparer de quoi que ce soit. À garder un esprit vaste comme le ciel qui laisse passer tous les nuages. Réaliser cela est possible dans toutes les postures de la vie quotidienne. Car il est nécessaire d'avoir des moments de rappel pour pouvoir retrouver cet état intérieur de disponibilité à la vie.

Il y a un enfant Bouddha en chacun de nous

Jacques Salomé

Jacques Salomé travaille depuis trente ans comme formateur en relations humaines. Il a publié vingt-quatre ouvrages et enseigne essentiellement ce qui est de l'ordre de la responsabilisation et nous invite à nous sentir créatif dans nos relations. Il propose une réconciliation sur le chemin de nos relations sous ces cinq modes – ce ne sont pas des modes musicaux mais presque : le mode de la relation à soi-même, dans les couples, aux enfants, les relations sociales, y compris l'environnement et notre planète, et la relation avec la part d'éternité en soi.

Dans le message de la plupart des sages et en particulier dans celui du Bouddha, tel qu'il est arrivé jusqu'à nous, une invitation essentielle, est adressée à chacun de nous : celle de dépasser le monde des apparences pour accéder au sens profond de toute existence, à savoir : le respect de la vie sous toutes ses formes. C'est l'actualité urgente de ce message qu'il me paraît intéressant de rappeler en cette fin de siècle et à l'aube du troisième millénaire.

Car ce qui me semble être aujourd'hui le plus maltraité et donc le plus en danger, pour chacun de nous sur cette planète, c'est non seulement la perte de sens, mais surtout la déperdition de la *vivance de la vie*.
J'appelle vivance de la vie cette qualité jubilatoire, cette profondeur grave, cette dynamique chargée de force et de puissance déposée en chacun au moment de la conception et qu'il nous appartient d'entretenir et d'amplifier dans le cycle d'une existence humaine. Cette énergie dont nous sommes quelques-unes des particules actuelles nous relie à nos ancêtres lointains ou plus proches. Elle circule et se propage à travers le vivant sur la planète Terre. Quand elle ne circule plus, c'est toute la vivance de la vie qui est figée, engourdie, bloquée, atrophiée ou stérilisée, comme cela me semble être le cas de plus en plus souvent actuellement dans nos modes d'existence, dans nos pratiques de prédateurs, dans une fuite de plus en plus éperdue dans le virtuel.
Nombreux sont les signes qui peuvent nous le confirmer. La vie est blessée, agressée par les violences de nos modes de vie, par la façon de nous nourrir, de nous loger. Par le consumérisme outrancier autour des loisirs, par la désertification relationnelle et la non convivialité des grandes villes ou métropoles. Par la pauvreté et la paupérisation émotionnelle et affective d'un nombre de plus en plus important d'hommes, de femmes et d'enfants. Par les violences physiques, matérielles et morales qui pèsent sur près de 80 % de l'humanité. Par un phénomène moins visible et plus subtil, aussi : notre rupture avec le symbolique. Par le fait que nous nous sommes coupés de cette relation et qu'elle a été récupérée par quelques institutions religieuses et même certaines multinationales qui ont vidé le symbolique de toute sa substance créative, en nous proposant (nous imposant) des rituels et des symbolisations en conserve.

Ceux qui ont vu le film de Jean-Jacques Anaud, *Sept ans au Tibet*, ont été je crois marqués par une scène : des moines ont préparé un mandala d'accueil à l'occasion de l'arrivée d'une mission chinoise qui devait être reçue par le jeune Dalaï-Lama. Ils voient ce mandala piétiné, écrasé, rejeté comme quelque chose d'inutile et sans valeur, par le général qui dirigeait la mission.

Je peux imaginer que chaque spectateur s'est senti atteint, blessé, peut-être souillé par ce geste, sans saisir précisément ce qui était meurtri ou assassiné en lui. Le monde moderne est rempli de fétiches, de colifichets, d'objets ritualisés qui nous sont présentés comme porteurs de pouvoirs ou de messages relatifs la divinité qui s'y rapporte. Ces objets sont liés à une culture d'appropriation et de récupération qui est devenue la nôtre, ils sont de l'ordre du faire et non de l'être.

La fonction symbolique, vitale pour notre relation au divin, me paraît de plus en plus absente de notre vie. Car elle fait l'objet non seulement d'une ignorance grave dans l'éducation actuelle, mais elle est aussi maltraitée avec le plus grand des aveuglements.

Si je prends comme exemple les rites d'initiation et de passage qui existent dans toutes les cultures depuis les débuts de l'humanité, je constate qu'ils ne sont plus pratiqués ou qu'ils sont dévoyés de leur signification fondamentale. Leur absence va ouvrir, je le crois profondément, la porte à des passages à l'acte somatiques. Nombre de maladies actuelles, de mises en maux, ne sont que l'équivalent métaphorique d'une carence du symbolique dans la vie d'un enfant ou d'un adulte dans sa relation blessée à l'univers.

Au travers de tous ces phénomènes, beaucoup d'entre nous sentons que la vie se dévitalise, que la vivance de la vie s'altère chaque jour davantage, que nous sommes en déperdition de vitalité.

Et je vais énoncer ce qui peut apparaître comme un paradoxe : il me semble qu'il y a moins de vitalité chez les cinq milliards huit cents millions d'êtres humains qui peuplent aujourd'hui notre planète, que dans le milliard et demi d'hommes et de femmes qui y vivaient, il y a à peine deux siècles. La densité de la vie y était certainement plus intense, plus vivace, même si les conditions d'existence étaient incroyablement plus difficiles et même si la durée de vie étaient deux à trois fois plus courte !
Oui, la vie s'épuise et se stérilise quand ses racines essentielles sont trop maltraitées.

Quand Çakyâmuni, devenu le Bouddha juste après son Éveil, énonça ce qu'il est convenu d'appeler dans le bouddhisme les quatre nobles vérités, je crois qu'il proposait là une véritable éthique de vie à laquelle chaque être humain peut encore aujourd'hui se référer. Car ces énoncés fondateurs reposent à mon sens sur un mot clé : responsabilisation. Je rappelle le contenu de ces quatre nobles vérités.
1- Quel est le chemin à accomplir pour découvrir la réalité de la maladie ou du mal-être ? La maladie et la souffrance existent, chaque être humain peut les rencontrer à divers degrés. Mais il est possible de ne pas les cultiver et surtout ne pas les entretenir en nous !
2- Quel chemin parcourir pour entendre le sens de la souffrance ? La souffrance a toujours une cause, mais elle a surtout un sens, une origine liée à nos actes, à nos pensées, à nos modes de vivre et surtout à nos confits internes.
3- Quels chemins découvrir pour accepter de se guérir et de renoncer à la souffrance ? Car la souffrance peut avoir une fin si nous acceptons de nous responsabiliser par rapport aux deux premiers énoncés.
4- Quels chemins approfondir pour atteindre les voies de

l'accès à la compréhension d'une vie centrée sur l'écoute de l'interdépendance, de la compassion et de l'impermanence de toute chose ? Ici les chemins et les voies sont diverses. À chacun de se mettre à l'écoute de ceux qui le conduiront au plus près de sa propre vérité.

Avant d'être un homme, il n'est pas inutile de rappeler que Çakyâmuni a été un enfant. Dans *L'Enfant Bouddha* (éd. Albin Michel), j'ai tenté de mettre en évidence ce qui m'a paru extraordinairement fécond chez cet enfant : sa capacité à se responsabiliser face aux événements et à la programmation de sa vie définie et tracée par ses parents, par son milieu et sa culture. Sa capacité, aussi, à démystifier les apparences et les modèles qui lui furent présentés comme étant le réel.

Le Bouddha, et cela aussi me paraît exemplaire, ne témoignera tout au long de sa vie que de lui même, de sa recherche, de son expérience et de sa pratique. Et même si le bouddhisme paraît avancer qu'il n'y a pas de libre arbitre, que chacun reste soumis en quelque sorte au déterminisme de son *karma*, je ressens au contraire combien l'invitation qui nous est faite au travers de l'enfance de cet homme, revient à considérer toute existence comme une entreprise de libération.

Le Bouddha nous apprend que la liberté n'est pas donnée, qu'elle est une conquête, une construction permanente dans l'ici et maintenant de notre cycle de vie et qu'elle n'a d'existence possible que par la responsabilisation. C'est de cette responsabilisation possible, pour chacun d'entre nous, dont je voudrais vous parler maintenant.

Quatre responsabilisations fondamentales nous incombent, si nous acceptons de les entendre.

- Responsabilisation de conscience.
- Responsabilisation de relations

- Responsabilisation d'engagement.
- Responsabilisation d'action.

Responsabilisation de conscience

C'est l'équivalent d'une ascèse personnelle, exigeante et durable. Au-delà de tous nos conditionnements, de notre culture ou de nos croyances (en acceptant aussi le travail invisible de notre inconscient), il nous appartient de cultiver lucidité et vigilance sur la qualité des perceptions et des signaux envoyés et reçus. Et également sur le sens de la relation que nous établissons avec nous-mêmes dans son rapport au monde. Pour découvrir que la personne avec laquelle nous passons l'essentiel de notre existence, c'est nous-mêmes.

J'ai découvert très tard que je n'avais pas été un bon compagnon pour moi et qu'il était possible de réparer cela.

Ce que l'on considère habituellement comme le bien-être et même parfois le bonheur, n'est le plus souvent que la forme atténuée ou endormie de la souffrance. Il ne paraît pas souhaitable, ni sain, de réduire le bien-être et même le bonheur à cela.

Il me paraît au contraire important de rappeler qu'il est de la responsabilité de chacun de mieux percevoir et entendre que l'origine de notre souffrance est en chacun, dans le fond inoublié de nos blessures premières ou anciennes, comme je préfère les appeler.

Rappelons que les blessures anciennes, qui se réveillent et se réactualisent parfois violemment à l'occasion d'une crise, d'une déstabilisation, lors d'une rencontre avec des déceptions, des frustrations, par l'irruption de conflits ou de violences dans notre vie actuelle, peuvent s'entendre à trois niveaux.

- Un niveau archaïque ou prénatal qui se situe dans le temps de la gestation et dans lequel ces blessures s'articulent autour de la séparation et de la perte, avec des tentatives pour les nier comme la symbiose ou la fusion avec l'autre. La peur d'être abandonné, nié, rejeté prend son origine à cette période.

- Un niveau primitif. Ces blessures s'inscrivent alors dans les premiers mois de la vie aérienne, autour du manque et de la privation, en relation directe avec la non satisfaction aux besoins fondamentaux (faim, soif, chaleur, sécurité, reconnaissance identitaire et stabilité de l'environnement).
- Un niveau primaire. Ces blessures se structurent au cours de la petite enfance avec la confrontation vécue autour de quatre expériences cruciales : l'injustice, l'humiliation, la trahison et l'impuissance.

Il appartient donc à chacun de cesser de s'escroquer en cessant d'accuser autrui d'être le responsable de notre souffrance ou de nos manques. Passer de la victimisation à l'affirmation et donc à la responsabilisation, suppose d'accepter de ne plus se complaire dans la dépendance ou l'impuissance. Accéder à la reconnaissance de nos blessures, ne plus confondre désirs et besoins, apprendre à développer des capacités d'autonomie et de prise en charge personnelle des moyens visant à la satisfaction de ces besoins ouvrent à une plus grande liberté d'être. Cette responsabilité de conscience est un pas essentiel vers le respect de soi.

Responsabilisation sur la qualité de nos relations à autrui

Nous sommes fondamentalement des êtres de relation impliqués ou engagés dans des relations multiples dont le maillage va tresser le réseau de notre accord ou de notre désaccord au monde. Ces relations peuvent nous nourrir ou nous aliéner, suivant l'accueil que nous ferons aux messages reçus. Nous recevons habituellement deux types de message en provenance d'autrui, et il nous appartient de ne pas les confondre ou les mélanger.

- Des messages positifs ou des messages cadeaux, qui seront nourrissants et stimulants pour notre développement et notre croissance. Ces messages nous confirment, nous valorisent et nous prolongent avec tous nos possibles jusqu'au meilleur de nous-mêmes et de l'autre.
- Mais nous recevons aussi des messages négatifs ou polluants qui seront de véritables poisons pour notre existence. Ces messages inhibent, maltraitent et blessent nos potentialités et nos ressources. Ils nous entraînent à des positions de fuite, d'agressivité ou de violences sur soi (auto-violence) ou sur autrui (hétéro-violence).

Précisons cependant que c'est celui qui reçoit le message qui lui donne un sens. Un message peut être émis avec une intentionnalité positive mais être néanmoins reçu avec un impact négatif !

Il ne suffit pas non plus que l'autre m'envoie un message positif pour que je le perçoive en tant que tel ! Encore faut-il que je sache le recevoir, l'accueillir et peut-être l'amplifier pour l'enrichir à mon tour !

Trois alternatives relationnelles s'offrent ainsi à chacun de nous , dont nous sommes entièrement responsables.

- Si je sais accueillir un message positif, j'augmente et j'agrandis la vitalité de ma vie, j'enrichis mes énergies, je deviens plus *énergétigène*. À partir de là, je peux développer une plus grande confiance, une meilleure estime de moi, qui seront à la base de l'amour de soi.

En nourrissant ainsi la vivance de ma vie, je suis bien responsable de la qualité de vie, de santé et de créativité que je peux m'offrir et proposer aussi à mon entourage.

- Si je laisse trop souvent venir vers moi des messages négatifs, je blesse et je diminue la vitalité de ma vie, je me dévitalise. Mes énergies sont en baisse, je deviens *énergétivore*. L'amour de soi diminue et parfois se stérilise.

Avec comme conséquence que je suis en survie. Je deviens alors plus vulnérable aux agressions, aux maladies, que je peux même me comporter comme un compagnon épouvantable ou terroriste pour moi-même.
En maltraitant par ma passivité ou par ce que j'appelle de la fausse tolérance, mes ressources fondamentales, j'altère la vivance de mes jours et je blesse mes potentialités de vie.
Si, cependant, j'ai appris et intégré l'idée qu'il est possible de restituer à autrui tout message qui me fait violence, je garde et j'entretiens ma cohérence. Si je replace chez l'autre toute attitude, tout geste ou comportement que je peux recevoir comme une violation morale, verbale ou physique de mon intégrité personnelle, ou plus simplement si je remets chez autrui ce qui n'est pas bon pour moi, je permets au moins que mes ressources et ma cohérence restent intactes et entières.
Je n'ai pas plus d'énergie, mais au moins je n'en ai pas perdu ! Je n'ai peut-être pas plus de vitalité, mais au moins je n'en ai pas moins ! Je n'ai pas plus d'amour en moi pour moi, mais au moins je me suis respecté ! Je n'ai pas altéré la vivance de ma vie.

C'est en m'appuyant sur le premier et le troisième de ces positionnements relationnels que je fonde la responsabilité de toute relation à autrui, que j'entretiens la vivance de ma vie. En ne laissant à personne d'autre le soin de le faire pour moi ! En me responsabilisant face à la satisfaction de mes besoins, je peux accéder à plus d'autonomie relationnelle et à une valeur plus précieuse encore : la liberté d'être. En reconnaissant que la liberté, c'est avoir la capacité de choisir et que choisir c'est renoncer, je peux ainsi sortir des pièges du tout ou rien et donc de l'exigence terroriste envers autrui ou de l'autoprivation réactionnelle et culpabilisante que je m'impose parfois. Choisir, c'est aussi maintenir *a minima* l'illusion de la toute-puissance infantile qui nous habite depuis la toute petite enfance.

Nous voyons là toutes les perspective d'une maturation nécessaire pour exister au plein de sa vie.

Responsabilisation d'engagement

Elle correspond au dépassement de certaines croyances et suppose l'accès à la relativité.

- En ne confondant plus sentiments et relation, je me rends compte que je peux éprouver des sentiments intenses et passionnés pour quelqu'un et lui proposer cependant une relation invivable. Je n'aurai pas à m'abriter derrière l'argument de la toute-puissance de mes sentiments pour tenter de résoudre mes difficultés relationnelles, mais je serai amené à mettre en œuvre quelques règles d'hygiène relationnelle pour construire des relations de partage et de créativité en réciprocité.
- Je peux aussi découvrir qu'il m'appartient d'apprendre à m'aimer pour pouvoir aimer et ne pas rester ainsi dans le besoin ou l'exigence d'être aimé.

En découvrant par exemple que derrière toute peur il y a un désir. En acceptant de reconnaître que le pôle opposé de la peur c'est le désir, c'est le mouvement que j'introduis dans ma vie.

- Je peux aussi entendre que le pôle opposé au refus, à la violence ou à la privation, c'est l'amour.

Lorsque nous aimons, nous déposons nos défenses, nous abattons nos barrières, nous laissons entrer au cœur du plus vulnérable de nous-mêmes, l'imprévisible des richesses ou des pollutions de l'autre.

- Dans l'amour, qui est, dans son essence même, à la fois de l'ordre de la révélation et de la création, la frontière risque de se dissoudre entre ce qui est moi et ce qui ne l'est pas.

Entre le moi qui ressent ce qui est hors de moi, dans la différence ou l'altérité et ce qui serait le toi ou l'autre, s'interpose tout l'espace de la relation, c'est-à-dire de la confrontation possible par la différence et la tolérance.
L'autre étant tout ce qui n'est pas moi, il y a toujours, au nom de l'amour, le risque ou le piège de la collusion ou de la confusion dans un *nous* qui peut être un leurre.
De même l'amorce de réconciliation vers le tout, qui est le propre du don d'amour reçu et amplifié, ne veut pas dire fusion, confusion ou aliénation et perte de soi dans ce tout.
La responsabilité d'engagement portera donc sur cette découverte : pouvoir aimer sans s'égarer dans l'autre, pouvoir accéder au tout et cependant ne pas se perdre ou se fondre dans ce tout, au point de ne plus avoir d'identité propre.
Sentir que je fais partie d'un ensemble sans en être la totalité. Que j'appartiens bien à un tout plus vaste que la réunion de toutes ses parties. Que le divin m'habite sans que je sois le tout de ce divin.
J'appelle divin la force qui devient un lien intemporel, à la fois fragile et incroyablement résistant, qui me relie de façon permanente à un tout en respectant mon unicité.

Responsabilisation d'action

Face à la vie et à ses imprévisibles, la prise de conscience n'est jamais suffisante, il faut quelque chose de plus, la capacité d'inscrire, avec une prise sur la réalité, ses décisions ou ses engagements.
Le bouddhisme, là aussi, nous a apporté un outil formidable : la posture et la méditation. La posture méditative est une action qui engage, au-delà de notre corps, tous nos sens et facultés. La totalité de l'être, au sens profond du terme, va se mobiliser autour de l'intensité du silence et de l'écoute.
La méditation est une démarche de liberté qui n'entraîne aucune dépendance. En ce sens, elle est moderne, car elle

ne nous fait dépendre de personne, sinon de notre propre rigueur personnelle à la pratiquer.

Prendre une posture et méditer ne relève d'aucune contrainte extérieure, si ce n'est celle de trouver un espace protégé de silence et de solitude. Ce qui semble aujourd'hui de plus en plus difficile !

La méditation est, pour moi, un chemin d'action pour me réénergétiser, pour me recentrer, pour rester dans l'axe de ma propre existence, pour nourrir, surtout, et respecter ce lien au divin.

Il y a bien sûr, à partir de ces positions que j'énonce peut-être de façon trop concise, trop ramassée, beaucoup de discussions et de voies possibles.

Celui qui se met en chemin s'y engage pour des enjeux qui, au départ, peuvent paraître clairs ou nécessaires ; ce qu'il rencontrera et découvrira ensuite, sur son parcours, appartiendra à lui seul.

Je laisse la recherche d'un état de grâce ou d'infinitude, voire d'illumination, à ceux qui en prendront les moyens.

Je me vois pour ma part plein d'humanitude et d'interrogations, en chemin vers le meilleur de moi, pour rencontrer si possible le meilleur de l'autre.

Je me vois tel un passeur de vie, qui a pris sur lui la tâche de protéger et de transmettre cette précieuse parcelle de vie qui m'a été confiée. Je me reconnais comme un défenseur farouche de cette petite graine d'amour, de ce potentiel d'énergie que j'ai reçu à ma conception, que j'ai longtemps maltraitée dans ma propre existence, que je tente aujourd'hui de respecter et d'agrandir pour transmettre un peu plus de sa vivance.

Et je vois chacun de nous, comme un éveilleur potentiel et un passeur de vie, à l'écoute de cette part de divin qui est en lui et qu'il lui sera possible d'agrandir et d'offrir à son tour.

La réconciliation des contraires

Jean Letschert

Jean Letschert s'est très profondément attaché aux valeurs de l'Inde, à tel point que, loin de faire du tourisme, il y est resté quinze ans d'affilée sans revenir en Europe. Il y a rencontré un maître spirituel au Kérala, Sri Natarâja Guru, un renonçant qui pratiquait et enseignait la voie de la non-dualité. Dans ses itinéraires nomades, il a étudié la tankha *tibétaine au Népal, obtenu un doctorat de philosophie de l'université de Madras, a étudié le sanskrit et le chant karnatik. Aujourd'hui, il est responsable de l'un des ashrams de l'*East-West University of Brahmavidya *(Université Occident-Orient de la science de l'absolu). La particularité de cet ashram est la pratique de l'art sacré comme voie d'éveil, orientation originale dans la tradition des ashrams en Inde.*

Aum saha nâvavatu... Saha nau bhunaktu. Saha vîryam karavâvahaih. Tejasvi nâvadhîtamastu. Mâ Vidvishâvahaih. Aum Shântih, Shântih, Shântih. Cet hymne d'introduction est extrait d'une Upanishad, parmi les textes les plus importants de l'enseignement de la non-dualité de la tradition indienne. Il s'agit d'une invocation

à l'entendement. En voici la traduction. *Saha nâvatu* : Ensemble puissions-nous entendre. *Saha nau bhunaktu* : Ensemble puissions-nous nous nourrir. *Saha vîryam karavâvahaih* : Puissions-nous avoir cette vigueur vigilante pour avancer. *Tejasvi nâvadhîtamastu* : Ensemble soyons les porteurs de la lumière de notre entendement. *Mâ vidvishâvahai* : Qu'entre-nous il n'y ait aucune exclusion ! *Aum Shântih, Shântih, Shântih* : Paix pour le corps, paix pour le cœur, paix pour la conscience.
Avant de m'entretenir avec vous, je voudrais émettre une pensée pour mon ami Yvan Amar, qui devait se trouver parmi nous ce soir. Depuis de nombreuses années une partie de son destin corporel le contraint à faire face à des moments de souffrance intense et son sacré à lui consiste à nouer intérieurement deux bouts : d'une part, l'acceptation de la douleur corporelle comme un compagnon de route et, d'autre part, l'intensité de la lumière intérieure du cœur et de la conscience. J'aimerais que cette pensée incarne la présence d'Yvan ce soir.

Le sacré échappe à toute définition. Il est avant tout une attitude à l'égard de la vie. Une attitude dont le secret est l'intériorité, non pas une intériorité confinée à un contenant – au corps, au cœur ou à la tête – mais une intériorité pénétrante. Une attitude de l'âme qui touche à toutes choses « du dedans », qui entre en contact avec toutes formes de vie de l'intérieur. Le sacré fait partie de ces mots qui vibrent en nous à partir d'un vécu profond. Et pourtant, dans son expérience intime, le sacré est quelque chose d'indiscutable : sa preuve est dans la qualité intime d'une intériorisation de la vie. Et, paradoxalement, au creux de nous-mêmes, le sacré confère une certaine « objectivité » inébranlable à notre subjectivité. En quelque sorte, le sacré est ce qui, par le vécu du visible, nous relie secrètement à l'invisible.

Le sens sacré de la vie ? Lorsque vécue dans toute sa profondeur, la notion de « sens sacré de la vie » semble être redondante. Parlant du sens sacré de la vie, j'ai le sentiment d'exprimer une tautologie, de dire trois mots pour une seule et unique expérience. Qu'est-ce le sacré ? Est-ce quelque chose de tangible, de palpable que nous pouvons reproduire ou répéter, échanger et partager, prolonger dans le temps et dans l'espace d'une manière uniforme ?

Il y a cinq jours à peine, je me trouvais au Kérala, en Inde. Je suis encore sous le coup du décalage horaire. Mais il y a aussi un décalage de contenu psychique et sociologique créé par ce pays où le sacré semble courir partout dans les rues comme une marmelade, comme quelque chose qui coule d'une manière onctueuse, dans toutes les formes de l'existence, et qui, pour ceux ou celles qui se trouveraient soudainement plongés dans un « bain d'Inde », pourrait sembler déroutant et particulièrement indigeste. L'Inde, c'est comme une indigestion de sacré. Un trop-plein. Tandis qu'aujourd'hui, en Occident, nous nous posons la question de la restitution du sens du sacré dans les différentes dimensions de notre existence, là-bas, à dix mille kilomètres, dans cet ailleurs incomparable qu'est l'Inde, le sacré semble presqu'une banalité. Or le sacré est justement ce qui nous extrait de la banalité.

Alors vu d'ici, chez nous, qu'attendons-nous de cette notion-là du sacré ? Pour nous qui, chaque jour, sommes happés par des cycles d'habitudes devenues des banalités, comment le sacré peut-il devenir une habitude ? Quelle est la nature de notre attente, quel est ce besoin intérieur que nous ressentons comme un manque en nous, en tant qu'individu, en tant que société ? En tant que civilisation, ou du moins ce qu'il nous en reste encore ? Quelle est cette dimension invisible et insaisissable dont nous nous sentons privés et dont nous aspirons tellement à ce qu'elle devienne évidente dans chacun de nos gestes, chacune de nos pensées, chacune de nos paroles ? Quel est ce manque qui crée une vacuité dans notre être, dans notre culture, et que nous aimerions déjà appeler « sacré », alors que dans cet ailleurs psychique et culturel qu'est l'Inde, il abonde sous de multiples formes, tantôt sublimes et tantôt caricaturales ? Alors qu'ici nous semblons être affamés de sacré, en Inde il apparaît dans bien des cas être l'objet d'un incompréhensible gaspillage. S'agit-il de crier à l'injustice devant une telle disproportion ? Qu'est-ce que l'Inde a bien pu conserver de ce que nous avons négligemment perdu ?

Qu'elles appartiennent aux religions monothéistes ou polythéistes, toutes les traditions insistent sur la conservation dans le temps et dans l'espace d'un ensemble de repères, de constantes, qui permettent à chacun des membres de la communauté humaine qui se reconnaît en cette tradition, de se relier à l'invisible et de se savoir reliés ensemble, au-delà du transitoire et du temporel, à quelque chose qui ne bouge pas, qui ne change pas lorsque l'ensemble des choses bougent et changent, se transforment constamment en d'autres choses. Aucune tradition quelle qu'elle soit ne voue un culte à l'instabilité.
Lorsqu'une mère dit : « Mon enfant est sacré ! », qu'est-ce qui l'anime profondément ? Quel est le repère intérieur auquel elle fait référence ? N'est-ce pas à l'éternelle donneuse de vie qu'elle fait appel, à l'intuition qui lui dicte que donner la vie c'est prolonger son intériorité dans la vastitude du monde ? Et son enfant est le monde. Son monde ! C'est en cela qu'il est sacré. Et elle ajoutera : « Que nul ne touche à mon enfant ! » Disant cela, elle ne dit rien d'autre que : « Que nul ne touche au nouveau monde que je viens de créer. »
Le sacré appartient à un ordre dissimulé derrière le désordre apparent qui nous entoure ; si l'on touche à cet

ordre secret, tout peut changer, tout peut basculer et se transformer en pire.

Nous sommes devenus conscients que si nous sommes aujourd'hui dans la situation précaire qui est la nôtre – psychologique, sociale, politique et environnementale –, n'est-ce pas justement parce que, quelque part, à un certain moment, et ensuite par rebondissements, nous avons touché à la continuité d'un ordre intrinsèque sous-jacent à toutes les manifestations de la vie ? Tels des apprentis sorciers, nous avons touché à ces constantes invisibles qui marquent la bonne marche des choses. Ces constantes qui sont les empreintes temporelles du projet originel de la Création.

La naissance, l'enfance, l'amour et le mariage, la famille, nous avons tout laissé sombrer dans la banalité, synonyme de désacralisation. Il en est de même des vertus humaines – la patience, l'indulgence, le courage, la solidarité, la compassion, la confiance, la fidélité, la responsabilité, le devoir... – toutes banalisées au nom d'une compréhension égotique de la liberté. Et pourtant, ces étapes de la vie humaine et ces vertus qui confèrent une dignité à notre condition font partie des constantes dans la perpétuation des grands repères de la création. Tout cela, aujourd'hui, pour la plupart des humains, a perdu son véritable sens sacré.

Le sens sacré de la naissance, le sens sacré de l'enfance, de l'amour et de la découverte de l'autre, de l'âme-sœur. Le sens sacré du pacte d'un temps de vie vécu avec l'autre dans le mariage. La famille, qui en est l'expression et qui est l'embryon et le résumé expérientiel de notre reliance à l'humanité tout entière. L'esprit de famille qui en résulte, la responsabilité universelle, le devoir envers l'harmonie du monde. Et la mort ! Cette autre naissance dans la disparition du visible dans l'invisible, la restitution de notre appartenance initiale à l'invisible. Toutes ces constantes,

pourtant mises en évidence dans la plupart des traditions sous forme de modèles d'évolution, afin qu'elles puissent se perpétuer avec révérence et gratitude, sont à l'heure actuelle en danger, fragilisées, balayées, parce que leur fonction sacrée en tant que manifestations de l'invisible a été effacée du projet que notre société moderne a mis en place depuis à peine un siècle.
Quel sera donc notre itinéraire si nous voulons réintroduire le sacré dans notre vie de tous les jours ? Quelles vont être les voies d'accès vers notre réconciliation avec l'invisible qui régit en profondeur l'harmonie du monde et de la vie ? Comment, en ces temps troubles, où toutes les valeurs stables s'effondrent, allons-nous réincarner ce manque dans nos vie ? S'agit-il de sonder les profondeurs de notre propre inconnu, ou faut-il interroger ces traditions qui ont fait du sacré leur héritage et leur longévité ? Est-il possible de concilier les deux ?

Les textes védiques nous disent que le monde est fait de trois choses fondamentales : *Nâma, Roûpa, Karma* – le nom, la forme et les actes. Ces trois manifestations de la conscience universelle représentent les trois sphères manifestées du sacré dans la perpétuation des mondes.
Le nom qui est le nôtre, les paroles que nous prononçons pour nous exprimer et partager nos sentiments, nos émotions et nos idées, pour communiquer à d'autres l'intériorité de notre âme. Le langage qui caractérise le saut quantique de notre espèce dans le règne animal et qui nous singularise de l'ensemble des mammifères, est ce qui nous relie intimement au Verbe, le Logos transmetteur de la conscience. Le langage est la première forme sacrée de la continuité de toute tradition.
La parole prononcée en notre âme et conscience se doit d'être une parole juste. Au-delà de notre perpétuel bavardage, il s'agira, dès lors, de retrouver le sens de cette pa-

role juste, au-delà du verbiage et de la quantification des mots que nous utilisons à tort et à travers. Il s'agira de retrouver cette parole qui se prononce sur un chant, sur une durée qui nous traverse. Voilà un premier pas vers la restitution de la dimension du sacré dans notre communication verbale de tous les jours.

C'est cette dimension sacrée du Verbe et de la parole qui en est l'expression, et que les hindous ont appelée d'une manière générique « *mantra* ». Le *mantra* est la manifestation sonore de la conscience qui dirige la pensée dans l'espace-temps, la vibration primordiale de notre pensée qui se propage vers l'autre, vers le monde. La vibration de notre propre intériorité qui s'adresse à l'intériorité des choses de ce monde afin de les éveiller. Le *mantra* est la qualité vibratoire par laquelle notre âme devient langage et s'adresse à l'âme de l'autre. Lorsque nous faisons appel en nous-mêmes à cette dimension vibratoire de l'âme dans le langage, chaque mot, quelle que soit la langue que nous parlons, peut devenir un *mantra*. Il y a une vibration juste qui donne corps au sens de chaque mot que nous prononçons. Un rythme adéquat, un timbre et une tonalité. Le mot « oui » est l'un des plus beaux *mantras* de la langue française. Un oui purement et profondément prononcé fait résonner en ses voyelles tout l'acquiescement du monde. Mais lorsque nous disons « tout à fait », l'acquiescement devient un mécanisme, une banalité. Faites-en l'expérience consciente et vous découvrirez la différence. Le sacré peut se trouver au bout d'une prise de conscience de l'expérience intime d'une parole ou d'un acte tout simple.

Il est parfois nécessaire d'être éjecté – soit par la force du destin, soit par un choix délibéré – dans un ailleurs, celui d'une autre tradition, par exemple. Une tradition qui serait incomparable avec notre biographie personnelle dans laquelle nous avons vécu notre enfance. Il est parfois indispensable, comme de plus en plus d'Occidentaux sont amenés à le faire aujourd'hui, de biffurquer par des traditions qui, il n'y a pas si longtemps, étaient totalement étrangères à notre mentalité et nos comportements, à notre habitude, notamment, de banaliser les choses. Souvent, paradoxalement, c'est dans cette démarche que nous pourrons revivifier en nous de précieux fragments de notre culture initiale devenue lettre morte. C'est un des avantages de la rencontre d'une tradition qui ne ressemble en rien à nos acquis comportementaux et à nos conditionnements. Projetés sans cesse dans la vie extérieure, dans l'émission ininterrompue et les dépenses d'énergies incontrôlées, dans nos fuites en avant, qui d'entre nous vit encore avec la justesse, l'intériorité, la qualité du langage ? Il s'agira d'abord de déconditionner la plupart des mécanismes extérieurs avant de se confronter de plain-pied avec notre monde intérieur.

Ensuite vient la forme. Que dire de la qualité des formes que nous donnons à nos gestes, à nos relations, aux vêtements que nous portons, à notre allure et aux relations que nous entretenons avec les êtres et les choses qui nous entourent ? Ne sommes-nous pas si souvent dans la précipitation, dans l'à-peu-près, comme si toute notre vie n'était qu'un brouillon de ce que nous aimerions réellement vivre ? Et cette manie que nous avons de considérer beaucoup d'actes simples et nécessaires comme des corvées, alors qu'il suffit d'une simple attitude intérieure pour qu'ils soient ritualisés et deviennent des offrandes au mouvement perpétuel de la vie. Quel regard serein et intérieur posons-nous encore sur ces actes simples qui tissent notre quotidien ? Comment sommes-nous attentifs à la contemplation de notre âme dans tout ce que nous faisons ?

Nâma, Roûpa, Karma. Le nom, la forme et les actes. Ces trois éléments fondamentaux sont les premiers supports

de méditation de notre quotidien, les premières bases de réflexion qui peuvent nous faire mesurer, au dedans de nous, la dimension du sacré que nous accordons à nos dires, aux formes que nous épousons dans chacune de nos manifestations corporelles et relationnelles, et à la manière dont nous agissons dans les situations qui se présentent à nous.
N'est-ce pas là que le recul sur nous-mêmes pourrait commencer ? Sommes-nous véritablement dans le sacré lorsque nous disons oui, lorsque nous disons non, lorsque nous disons « je t'aime ». Le oui, le non et le « je t'aime » que nous prononçons sont-ils réellement en résonance avec l'intimité de notre âme ? Le sacré est cette expérience qui nous pose là où les choses et le monde ne changent pas, où ils restent toujours fidèles à ce qu'ils sont depuis toujours.

En Inde, entre cinq et six heures du matin, il est fréquent de rencontrer, quelque part dans une gare, à un coin de rue, au bord d'une rivière, n'importe où, un homme assis dans la pénombre, qui sort de son petit sac à main usagé une petite divinité de cuivre ou de plâtre, un petit livre et un chapelet qu'il prend dans sa main droite. Il se met ensuite à murmurer une louange au lever du soleil : la *Gâyatri*. Ils sont des milliers et des milliers à faire cela chaque jour. Leurs regards ne se croiseront jamais, mais du nord au sud de l'Inde tous font cela à la même heure, chaque jour, dans un hall de gare, à un coin de rue, sur le bord d'une rivière, n'importe où. C'est l'heure. Il faut s'asseoir. Il faut chanter. Et les milliers qui chantent à cet instant précis, à ce moment magique, sont un seul et même homme qui se branche dans une sorte d'éternité où cette louange résonne ainsi depuis des millénaires. C'est la même *Gâyatri* qui retentira dans le cœur de chaque chanteur, la même vibration qui les unira tous dans

l'intemporel. Seuls ensemble. Le sacré est ce vécu intérieur qui nous aide à disparaître dans une présence qui ne nous appartient pas, une présence qui n'a pas de singularité propre. À disparaître dans une continuité.
Alors, la parole, le geste, la forme, l'acte qui s'expriment dans cette disparition de notre singularité deviennent l'apparition d'une parole, d'un geste, d'une forme, d'un acte qui évoquent mystérieusement l'Éternel. Servir une tasse de thé avec la conscience d'accomplir un acte sacré, c'est servir une tasse de thé à l'Éternel. C'est devenir l'éternel serveur de l'éternelle tasse de thé.
Loger tout son être dans la vibration juste pour dire « je t'aime » chaque fois de la même manière, avec le même rythme, la même douceur, la même tendresse, la même intention et la même intensité, c'est rendre manifeste l'Amant éternel et retrouver le sens sacré de l'amour. Cet amour dépersonnalisé auquel on accède et qui n'appartient à quiconque, mais qui est là, suspendu quelque part dans l'intemporel. Chacun de nous peut disparaître dans cette vibration et pénétrer dans la dimension du sacré.

Le sacré est ce qui ne bouge pas, ne change pas. Ce qui ne s'altère ni ne se lasse. Dans l'expérience du sacré, il y a souvent ce sentiment que nous venons de pénétrer dans quelque chose d'« immodifiable ». On vient de toucher quelque chose qui était déjà là, tel quel, bien longtemps avant que nous en fassions la rencontre. Il n'y a rien à ajouter, rien à enlever. Et dès qu'on entre de plain-pied dans cet immodifiable, on a le sentiment de faire partie d'une famille invisible. Comme les chanteurs matinaux de la *Gâyatrî*. On goûte à une coupe à laquelle des milliers ont déjà goûté avant nous. Et cette solidarité invisible est extrêmement rassurante. On vient d'entrer dans une famille qui n'est pas de chair et n'a pas de visages connus, mais qui traverse le temps. C'est aussi ce que peut nous

apporter une tradition : se retrouver en famille, mais en dehors du temps. C'est là que nous pouvons commencer à comprendre comment le sacré peut se partager. C'est un autre aspect paradoxal du sacré : étant la manifestation de l'invisible, c'est par la forme que les humains apprendront non seulement à le vivre mais aussi à le partager.
C'est à chacun de nous de retrouver, pour soi-même, ces formes essentielles qui incarnent véritablement le sacré, qui lui donnent une consistance, une substance. Une présence ! Que celle-ci soit identifiable pour nous-mêmes où pour une communauté d'âmes.
Ces formes, il est vrai, les traditions les ont cultivées, affinées, enrichies pendant des millénaires, pour en faire des repères, des « aides-mémoire » dans notre avancée vers le sacré, des rappels de cette constance, qui est immodifiable. Les traditions nous enseignent la nécessité d'une sélection des formes dont nous nous entourons, et cela dans divers domaines. Il s'agira de choisir d'abord les formes les plus universelles qui nous rapprochent de cette constance, qui nous rappellent l'immuable parce qu'elles semblent perdurer depuis la nuit des temps.

Je fais partie des survivants des années soixante. Le phénomène de génération qui s'est produit à cette période et qui fut appelé le « mouvement hippie » est plus significatif qu'il n'y paraît concernant les prises de conscience collectives qui eurent un impact sur l'évolution des mentalités au cours de cette fin de siècle. Pour la première fois, toute une génération née de la guerre prenait le risque de s'expatrier dans un ailleurs à la fois géographique, psychique et culturel, pour redécouvrir, à sa manière, le sens sacré de la vie. Le risque d'accéder à une « autre conscience » en plongeant corps et âme dans d'autres traditions pour y trouver des formes et des pratiques nouvelles pouvant revivifier ce que la culture occidentale avait négligé d'entretenir. Il se produisait ce phénomène étrange qu'étant des milliers nous avions parfois le sentiment d'être un seul être. Il y avait un sens incroyable d'être un collectif psychique.

Ce qui s'est produit il y a une quarantaine d'années était véritablement une explosion collective, issue d'un ras-le-bol essentiellement psychique et culturel. Né principalement aux États-Unis, au cœur du paroxisme du modernisme et de l'institution putitaine, dans le contexte de la guerre du Vietnam et des conflits raciaux, ce mouvement allait conduire toute une génération à chercher des ancrages dans d'autres cultures, d'autres traditions. S'il s'agissait d'un mouvement de génération, ses revendications ne ressemblaient en rien aux revendications politiques et sociales habituelles propres aux mouvements de masses. Il s'agissait au contraire de la revendication d'une liberté d'expression du psychisme en quête des valeurs sacrées de la vie. Même si ce mouvement s'est singularisé aux yeux de l'opinion publique par un exhibitionnisme souvent extravagant, sa source était dans le besoin de partager « à ciel ouvert » des expériences intimes de la vie intérieure.

Un des mots d'ordre était d'ailleurs « *Public Solitude* », vivre seul ensemble. C'est-à-dire partager ce qui, selon les critères de l'individualisme forcené, était considéré comme impartageable. La philosophie qui en résulta consistait à cultiver un psychisme à fleur de peau, de ne plus rien garder dans l'ombre et de transformer le monde à partir de la désinhibition de sa propre intériorité. De là est né un nomadisme spirituel à la recherche de nouvelles valeurs, d'autres « échelles de Jacob ».

L'enjeu était sans précédent. Au risque de se perdre ou d'être proscrits, des milliers de jeunes gens s'expatrièrent sur les routes d'Orient, non seulement en un exode géographique, mais à la recherche d'un « sacré au quoti-

dien », avec le seul souci de vivre leur intériorité sans limites dans des environnements naturels et humains qui accueillaient cette utopie sans hostilité.
S'il est indéniable que dans cette aventure beaucoup sont restés sur le carreau, que beaucoup se sont miné la santé, certains – et sachez qu'ils sont très nombreux – ont continué le chemin intérieur, allant jusqu'au bout du tunnel, pour s'installer définitivement dans une tradition vivante afin d'en extraire de nouveaux modèles qui alimenteront la quête de sens de l'Occident de cette fin de siècle.
Je fais partie de ceux-là. Pour moi comme pour d'autres parmi mes compagnons de route, l'Inde a été cet espèce de « gouffre » au bout du tunnel, gigantesque et insaisissable. C'est sans nul doute son culte de la diversité qui a fait qu'elle seule pouvait accueillir sans jugement toute une génération de « fous de Dieu et d'amour », d'utopistes de l'extase, leur apportant des formes désinhibées du sacré, des formes nourricières de l'inconscient, dépourvues de tout moralisme, de tout puritanisme. L'antithèse de l'iconoclasme matérialiste. Des formes qui nous permettaient d'avoir un accès plus intime à un langage contemplatif permettant de partager notre vécu du sacré.
Depuis, les temps ont changé. Suite à l'accroissement de l'individualisme, la tendance actuelle de la démarche spirituelle de l'Occident semble davantage s'orienter vers le développement spirituel de la personne, plus dans le sens d'une démarche individuelle où les formes deviennent plus subjectives et donc plus difficilement partageables. Ceux qui connaissent bien l'Inde y trouvent tout le contraire. En effet, le sacré y est toujours partageable et c'est ce qui fait la spécificité spirituelle de cet immense pays.

Il est difficile de parler de l'hindouisme en tant que tradition homogène. En réalité, ce qu'on appelle communément hindouisme est avant tout un *patchwork* de traditions, ou plutôt un « tissage » de traditions qui n'a cessé de se faire et de se défaire pendant plus de trois mille ans, avec cependant la persistance de quelques fils conducteurs invariables. L'hindouisme est énorme et inaccessible dans sa totalité. Pourtant, dans cette diversité que forme sa texture religieuse polymorphe, on trouve une unité qui ne se rencontre nulle part ailleurs et qui regroupe les principes et les éléments fondamentaux que l'on retrouve dans la plupart des traditions.

La foi hindoue, telle que nous la connaissons aujourd'hui, s'est fondée progressivement à partir de la rencontre de deux conceptions spirituelles originellement opposées, voire contradictoires. D'une part le védisme des Aryens, dont la conscience religieuse gravitait principalement autour de notions cosmologiques, et d'autre part, le shivaïsme dravidien dont la base spirituelle et mystique reposait sur une ontologie fondamentale, sur une prise de conscience et un vécu de la divinité dans l'être. Cette rencontre de l'« esprit du ciel » du patriarchat aryen venu des plaines de l'Asie centrale, et de l'« esprit incarné dans la terre » propre au matriarcat dravidien vivant dans la moiteur du sous-continent indien, s'est transformée au cours de plusieurs centaines d'années en une foi collective tant hétérogène qu'homogène. C'est ce qui fait qu'un hindou, bien plus facilement que ceux qui appartiennent à d'autre religions, peut dire sans hypocrisie ou condescendance que les chemins qui mènent à Dieu sont multiples.

N'oublions pas que le mot « hindouisme » lui-même est un terme occidental définissant l'ensemble des croyances ayant cours de l'autre côté du Sind, fleuve qui traverse aujourd'hui le Pakistan. Les Indiens parlent plus volontier de *Sanâthana Dharma*, le Support intemporel de la vie. C'est le principe éternel de « cohérence universelle ».

L'une des particularités majeures de l'hindouisme est la priorité accordée à l'immanence du divin. « S'il y a Dieu, rien de ce que nous pouvons vivre n'est en dehors de Dieu. » « S'il y a Dieu, tout ce qui existe est en Dieu. » L'expérience du sacré, c'est descendre contemplativement et intimement, en pleine conscience, dans tout ce qui est manifesté, dans tout ce qui vient à nous. Les textes védiques, les Upanishads, la Bhagavad-gîtâ et bien d'autres, s'attachent tous à mettre en lumière les différents éléments de repères qui favorisent la relation intime de l'homme et du cosmos. La science contemporaine nous dit que nous avons l'âge des étoiles, qu'en nous se trouvent les mêmes éléments que ceux dont sont constituées les étoiles les plus vieilles. L'univers entier est concentré dans la structure morpho-physiologique de l'être humain. C'est cette relation entre le macrocosme et le microcosme qui est l'essence même de la conscience du sacré dans la spiritualité indienne.

Par analogie à cette relation macrocosme-microcosme, il serait intéressant de songer que, peut-être dans moins d'un siècle, nous serons dix milliards d'êtres humains sur la planète, sachant que ce nombre est l'évaluation de la quantité de neurones contenus dans le système nerveux central d'un seul représentant de l'espèce humaine, d'un seul individu. Il y a là la probabilité d'une synchronicité extraordinaire où la structure neuronale de chacun de nous sera mise en équivalence avec la totalité des représentants de notre espèce partageant le même habitat. Sans verser dans un scénario de science-fiction, il y a là un intéressant « jeu de hasard » qui offre matière à réflexion sur l'intime relation entre l'individu et le collectif, l'un et le multiple.

Dans la perspective de cet événement à la fois physique et symbolique, ne pouvons-nous pas déjà entrevoir la possibilité d'un transvasement de l'individuel et du collectif, l'esquisse d'une mutation dans une « autre conscience », en laquelle la quête de sens, qui apparaît encore aujour-

d'hui comme une préoccupation personnelle, deviendrait véritablement une quête collective qui toucherait l'ensemble de l'humanité, et l'orienterait peut-être vers les prémices de la première civilisation planétaire ?
Sans doute y a-t-il là aussi une opportunité de réactualiser le sacré dans sa dimension historique, de restituer sa force d'immanence qui se cache au cœur de toutes les manifestations de synchronicité, c'est-à-dire de deux ou plusieurs choses d'origines distinctes se retrouvant simultanément en présence dans le même espace-temps.
C'est dans ce sens que la manifestation du sacré est aussi l'actualisation d'un paradoxe. Voir la vie dans la mort, et la mort comme étant la source de la vie peut paraître une inconciliable contradiction tant que l'on n'a pas vu la dimension sacrée qui unit l'une à l'autre. L'existence est dualité. Elle oscille perpétuellement entre deux pôles d'attraction et de répulsion, engendrant tantôt la sympathie et tantôt l'antipathie. Tel est le balancier fatidique qui influence la majeure partie de nos états d'âme dès lors que nous voyons une chose distincte de son contraire. Entrer dans le sacré, c'est réconcilier tous les contraires.

Quoi de plus exigeant, de plus éprouvant, de plus démasquant pour l'individu que la vie de couple, dont le but est de réaliser l'unité à partir de la rencontre de deux univers différents ? Si à notre époque beaucoup de couples se séparent prématurément, n'est-ce pas parce qu'ils ont omis d'introduire le sacré dans leur relation, quelle que soit sa forme, quel que soit le niveau où il est nécessaire qu'il se manifeste ? Mais il ne suffit pas simplement de dire que la sexualité est sacrée, que la relation est sacrée. Comment allons-nous nous y prendre pour que cela devienne une réalité quotidienne ? Comment le corps-à-corps et l'âme-à-âme de deux univers si différents peuvent-ils transformer leurs différences en une alchimie féconde d'où doit jaillir un troisième univers dont le contenu n'est autre que le sacré ?

Parmi les textes sacrés de l'Inde, c'est certes dans les Upanishads que nous trouvons les repères les plus précieux qui nous permettront d'avancer concrètement vers une compréhension profonde du sacré. À l'aide de ces repères, les disciples sont conduits, par étapes, à un entendement non dualiste de la nature humaine et celle de l'univers, dans le seul but de vivre le sacré en toutes choses et dans chacune des phases de l'existence.
Dans la Taittirya Upanishad par exemple, le disciple Bhrigu demande à son père Aruna : « Qu'est-ce donc *Brahman* ? » Quelle est la nature de l'absolu ? En d'autres termes : « Qu'est-ce le sacré ? » Aruna répond alors à Bhrigu, son fils : « Commence par entrer dans l'ascèse » ; rentre en toi et brûle ! Brûle intérieurement. Entre dans un état de ferveur intérieure, et vois ce qui se passe, observe en toi ce qu'il reste alors d'essentiel.
Un peu plus tard, Bhrigu revient chez Aruna et lui dit : « J'ai compris que la nourriture est l'absolu. Tous les êtres sont nés de la nourriture, par la nourriture ils vivent et en la nourriture ils disparaissent. » Aruna lui dit : « C'est très bien, continue à intensifier ta ferveur intérieure, continue à brûler, consume-toi plus profondément encore ! Et reviens me voir. » Un peu plus tard, Bhrigu revient et dit : « J'ai compris que le souffle est l'absolu, parce que tous les êtres sont nés du souffle, par le souffle ils vivent et en le souffle ils disparaissent. – C'est très bien, répondit Aruna, continue à intensifier ta ferveur. » Bhrigu repartit intensifier son ascèse et lorsqu'il revint chez son père il dit : « J'ai compris que la pensée est l'absolu, que tous les êtres naissent de la pensée, que par la pensée ils vivent et dans la pensée ils disparaissent. – C'est très bien, intensifie encore ta ferveur », répondit son père. Plus tard,

Bhrigu revint et lui dit : « J'ai compris que l'entendement était l'absolu, car de l'entendement tous les êtres sont nés, par l'entendement ils vivent et en l'entendement ils disparaissent à la fin de leur vie. – C'est très bien, va encore plus profondément en toi-même. » Bhrigu continua son ascèse et revint voir son père. Alors il lui dit : « J'ai compris que la béatitude est l'absolu. Tous les êtres sont nés de la béatitude, par la béatitude ils vivent et en la béatitude ils disparaissent lorsqu'ils quittent ce monde. »

Nourriture, souffle, pensée, entendement et béatitude. Cinq repères fondamentaux du sacré. Cinq valeurs universelles, constantes et immuables, en lesquelles le sacré pourrait être vécu à chaque instant.
La nature sacrée d'un repas, de cette nourriture que nous partageons ensemble avec révérence à la vie, la saveur de cette nouriture, le don précieux de la matière à la continuité de notre corps, le don de nous-mêmes dans sa préparation, le sens esthétique avec lequel nous dressons la table..., tout cela peut exprimer notre reliance au sacré. C'est lorsque nous arrêtons de nourrir notre ego que notre âme peut commencer à choisir les nourritures qui lui conviennent.
Le souffle, cette respiration qui durera jusqu'à notre dernier expir, celui qui restituera notre âme au souffle cosmique. Ce souffle ininterrompu présent dans notre sommeil et dans les précipitations de nos états de veille, dans nos gestes et nos paroles.
La pensée. La qualité de notre pensée. Nous savons que tous les conflits naissent dans la pensée des hommes. C'est la nature de notre pensée qui détermine notre relation à la vie. Commençons par sacraliser notre pensée et nous verrons alors que les plaies de ce monde peuvent être pansées par le pouvoir sacrée de la pensée. Retrouvons la pureté de la pensée. Sa justesse, son économie et

sa beauté. Notre pensée est le repère central qui nous permet de mesurer notre véritable relation à la vie et au sacré. Sans doute devrions-nous davantage laisser penser le cœur afin que la tête puisse souffler un peu.
Ensuite vient l'entendement. La manifestation collective de notre intelligence. Cette intelligence qui va du simple bon sens jusqu'à cette vibration extrêmement subtile qui touche à l'harmonie universelle, cette harmonie qui circule d'âme à âme. Cette voix des profondeurs qui nous dit que quelque chose est juste ou ne l'est pas. Cette complicité secrète avec l'être qui vit à nos côtés, avec la communauté humaine en laquelle nous évoluons et partageons nos joies et nos souffrances. L'entendement, n'est-ce pas la manière de laquelle nous nous mettons à l'écoute du monde et de nous-mêmes, à l'écoute de ce qui dépasse toute forme de temporalité. Cessons donc d'écouter sans entendre, et apprenons à entendre sans devoir écouter.
Et enfin, la béatitude. Le bonheur ! Cette satisfaction ultime qui n'a plus d'objet. Du plus simple plaisir – dans la nourriture, le souffle, nos sentiments – aux grandes joies de la vie – les partages de nos aspirations et de nos affinités.
Qui ose vraiment prendre le risque de se faire plaisir à tous les niveaux ? Qui, parmi nous, ose réellement le bonheur ? Sommes-nous prêts à accepter que le plaisir soit la base de toute transformation authentique ? Nous sommes tous nés de la béatitude, d'une étincelle de jouissance. Notre présence sur Terre est le produit de l'extase. Nous ne sommes pas nés de la souffrance. Chacun de nous est né d'un acte d'amour qui est substantification du plaisir. Nous sommes bonheur fait corps. Ce jet jailli d'une électricité invisible qui alla s'accrocher au sein de l'immense matrice cosmique, calfeutré dans le ventre de la mère.

L'expérience du sacré, c'est vivre le bonheur du monde dans les choses les plus simples, c'est réaliser que les choses les plus ordinaires sont animées dans leur intériorité par une présence extraordinaire. Par un plaisir extraordinaire, qui les fait vibrer du dedans.
Participer en conscience à la naissance, à l'amour et au mariage, à la famille et aux vertus, à la responsabilité et au devoir, même à la mort, avec la jouissance intérieure du bonheur. Le bonheur de vivre en chacun de ces états la manifestation de la grâce. Car c'est bien de la grâce dont il s'agit lorsque nous parlons de sacré.

Un autre aspect important du sacré que l'Inde a su conserver jusqu'à nos jours, c'est le rituel. Chaque jour, le soleil accomplit son rite en se levant et se couchant. Pendant plusieurs jours, installez-vous à la même heure et à la même place, et regardez ce même soleil descendre au même rythme derrière la même ligne d'horizon, et ne vous en lassez pas. Vous verrez chaque jour avec le même bonheur sa forme et sa couleur passer par les mêmes phases. D'une blancheur insoutenable pour l'œil, il passe progressivement au jaune tendre, puis à la couleur de la chair, à l'orange et au rouge vif, et, dès l'instant où sa forme touche la ligne d'horizon, il devient magenta avant de disparaître pour laisser tomber la nuit. Chaque jour depuis des milliards d'années, pour notre bonheur, le soleil accomplit ce rituel d'apparition et de disparition.
Le sens sacré du rite se retrouve tant dans ce geste cosmique, ce tracé de notre Père céleste dans l'infini, que dans chaque geste significatif de notre quotidien. Entrer dans le sacré, c'est sortir de l'arbitraire. Qu'ils soient conventionnels ou utilitaires, chacun de nos gestes épousent un tracé subtil dans l'espace qui les extrait de leur banalité, qui leur donne un sens. Retrouver ce tracé qui les ennoblit, c'est se réconcilier avec l'esprit du rituel.

Chaque geste devient alors une célébration. Une cérémonie. Un symbole vivant et vivifiant. Dans la ritualisation de nos gestes quotidiens, ceux-ci sortent de l'habitude inconsciente et conditionnée et s'élèvent à une autre dimension, celle de l'habitude cosmique et symbolique. Comme le lever et le coucher du soleil. Ritualiser est synonyme de rythmer. Le sacré met notre vie en musique...

Avant de terminer il y a un dernier aspect important de l'hindouisme que j'aimerais souligner. C'est sans doute la seule religion aujourd'hui dans laquelle les divinités sont des couples. La distribution et l'organisation de l'univers est maintenue par cette polarité masculin-féminin et par la répartition des tâches cosmiques qui émanent de la nature immuable de cette polarité. Comme je l'ai déjà évoqué, dans notre vie de tous les jours, c'est sans nul doute dans la relation entre le masculin et le féminin que le sacré peut être le plus intensément, le plus ardemment vécu. La relation de couple est le véritable laboratoire du sacré. Nous qui chérissons aujourd'hui l'espérance d'une transformation de nos systèmes de valeurs dans le sens d'une harmonisation des relations humaines et d'une restitution d'un ordre naturel, sain et serein, c'est dans la polarité du masculin et du féminin que nous trouverons le fondement des expériences constructives qui nous permettrons d'actualiser nos urgentes aspirations.
Il n'y a pas d'humanité sans un homme et une femme, et il n'y a pas d'amour de l'humanité s'il n'y a pas une relation intime et intense, voire transcendante, entre un homme et une femme. Là s'édifie le laboratoire du sacré.

Pour conclure, j'aimerais partager avec vous ce qu'Yvan Amar m'a confié ce matin au téléphone lorsque je lui ai demandé ce qu'il aurait souhaité vous dire : « Dis-leur

simplement ceci : nous avons tous notre date de naissance inscrite sur notre passeport. Nous avons tous notre dette de naissance inscrite sur le passeport de notre âme. »
Je pense que ce qu'il faut entendre dans ces paroles est ceci : nous n'arrivons pas dans la vie avec des bagages vides. Nous naissons avec un héritage qui est celui de l'univers tout entier. « Nous avons l'âge des étoiles », souvenons-nous en. Quand nous sommes nés, nous étions déjà pleins.
Dès l'instant où nous commençons à nous éveiller à la Vie, notre vie à nous devient l'occasion extraordinaire de faire le bilan de ce que nous portons réellement de l'Éternel en nous. Notre vie est l'occasion de se souvenir de cette « trace de l'Éternel » qui vibre en notre âme et de la restituer dans la présence de chaque jour, afin qu'elle devienne le témoignage concret de notre expérience du sacré dans notre amour du prochain.
Vivre le sacré, c'est ne plus faire des emprunts, c'est ne plus spéculer sur des acquisitions éphémères. C'est payer sa dette à l'Éternel, avec gratitude et révérence. On se sent alors si léger, si léger... Et cette légèreté est plénitude.

Le moi, l'âme et la personne

Table ronde

QUESTION : *Mr Letschert, vous êtes spécialiste de l'hindouisme. Tout à l'heure, j'ai posé une question lorsque le cheikh Bentounes a parlé du cas de l'Algérie. Me revenaient les enseignements de Krishna à Arjuna concernant le corps qui n'est qu'une enveloppe et qu'à un certain moment il faut peut-être pouvoir se lancer dans le combat en le prenant comme une* lîlâ*, le jeu. Je sens que vous êtes un homme d'amour et de paix. Mais j'ai cette question relative à l'enseignement de Krishna par rapport à cette situation, pas seulement en Algérie, mais partout dans le monde. Bien sûr, Dieu est amour, mais n'y a-t-il pas aussi autre chose ?*

JEAN LETSCHERT : L'enseignement de Krishna à Arjuna demande effectivement une réflexion particulière. Krishna est une personnalité neutre dans le contexte du Mahâbhârata puisqu'il est le convoyeur, le cocher d'Arjuna qui, lui, appartient à la caste guerrière. Nous observons qu'à plusieurs reprises, dans l'ensemble du Mahâbhârata, Krishna se permet de prendre des libertés avec la notion de *dharma*. De façon ponctuelle, il lui arrive de porter ce qui semble être des coups bas au dogme et à l'institution établie. Il est une divinité rebelle et dérangeante. Krishna, c'est l'aspect polisson et imprévisible du divin, qui n'hésite pas à transgresser l'institutionnel et à prendre des risques avec le *dharma* dans des situations inextricables, souvent parce que cela lui semble nécessaire, c'est-à-dire qu'il n'y a pas moyen de faire autrement. C'est là un des aspects créatifs de l'hindouisme.

D'abord, le terme *lîlâ* n'apparaît nulle part dans la Bhagavad-gîtâ, pour la simple raison qu'elle est avant tout un traité de discipline, *Yoga Shâstra*, et un traité éthique, *Dharma Shâstra*. L'idée que le monde est un « jeu » apparaît surtout dans les textes plus légendaires, comme les Purânas. Sur le plan éthique, la Gîtâ se contente de donner des codes de conduites relatifs aux dispositions de tempérament des individus. L'archétype d'Arjuna est celui du héros. C'est parce qu'il a psychologiquement et socialement le profil du guerrier que Krishna lui dit : « Lève-toi et va te battre. » Il ne dirait pas cela à son élève s'il était un *brâhmane*, un intellectuel, ou un *vaishya*, un commerçant, ou même un *shudra*, un prolétaire. Du point de vue du tempérament et psychologiquement, Arjuna a tout d'une personnalité combative. Il lui dit : « Quoi de plus juste pour un héros d'avoir une sainte guerre ! » De pouvoir gagner une véritable bataille. C'est à la fois une question d'honneur et un projet d'accomplissement d'une fonction sociale. Le « devoir » d'Arjuna consiste à aller au bout de cette fonction avant de passer à autre chose. D'autre part, le champs de bataille où se trouve Arjuna est une métaphore d'un combat initiatique que le héros doit mener contre ses contradictions intérieures.

À l'inverse, dans un contexte relationnel opresseur-opprimé, encourager la totalité des opprimés, tous tempéraments confondus, à se battre contre l'oppresseur serait un manque de discernement et l'expression d'une promis-

cuité idéologique et sociologique. Nous avons des exemples catastrophiques dans notre histoire toute récente. Il s'agirait plutôt d'impliquer ceux qui ont véritablement le profil du combatant, ceux qui sont institutionnellement, « tempéramentalement », psychologiquement abilités à assumer le rôle de la guerre. Sachant que la guerre est inévitable, c'est donc avec beaucoup d'à-propos que, judicieusement, Krishna peut dire à Arjuna : « Maintenant que je t'ai enseigné cela, lève toi et, l'âme sereine, mène le combat ! »
D'autre part, il est important de resituer ces paroles dans leur contexte. Du temps du Mahâbhârata, les guerres se faisaient pour ainsi dire à huis-clos, sur un champs de bataille strictement choisi pour les affrontements, loin des villes et des bourgades. Il n'y avait donc que des soldats, pas de civils. Aujourd'hui, nous sommes loin d'une situation analogue, si ce n'est sur un terrain de football. Lorsqu'il y a une guerre, le champ de bataille est partout et des millions d'innocents en payent les pots cassés.

ROLAND RECH : Je crains d'avoir mal compris, mais il m'a semblé que ce que vous venez de dire à l'instant pourrait signifier, par extension, que les gens qui ont des karmas de bourreaux ont à être des bourreaux et ceux qui ont des karmas de victimes à être des victimes. J'ai le cœur qui bat quand j'entends ça. Peut-être ai-je mal compris ?

JEAN LETSCHERT : Le conflit appartient à une des expressions de la vie. Les relations conflictuelles sont inévitables et il faut des gestionnaires compétents pour résoudre les conflits. Nous connaissons tous des conflits dans notre vie tant privée que publique.
Je suis conscient que la notion de castes est une notion très délicate à approcher, surtout sur le plan sociologique ; mais si l'on se réfère à son origine védique, celle

des quatre formes tempéramentales du psychisme humain qui, dans le domaine relationnel, se traduisent en comportements, nous pouvons observer que dans différentes situations de la vie courante nous passons tantôt par le prolétaire, tantôt par le commerçant, par le guerrier, l'agent de police ou l'une ou l'autre forme de « redresseur de torts », et par l'intellectuel, le prêtre ou le sage. Tout cela, bien entendu, dans des proportions tout à fait variables.

Ces quatre dispositions de tempérament, ces quatre modes éthologiques, cœxistent en chacun de nous. Dans les circonstances que nous sommes souvent obligés de vivre, nous éprouvons beaucoup de difficultés à « jongler » intérieurement avec ces modes : quelle est l'attitude intérieure, le mode à adopter, le type de tempérament qui doit s'extérioriser de telle sorte que nous répondons avec pertinence et adéquation à la nature spécifique de la situation. Nous avons tous un psychisme polymorphe.

Pour ce qui est de la notion de karma, il ne s'agit pas de croire que nous naissons avec une âme de flic ou une âme de commerçant, ce n'est pas vraiment comme cela que ça fonctionne. Cependant, il y a en chacun de nous des prédispositions qui font que nous répondons plus facilement à certaines situations qu'à d'autres parce qu'elles catalysent en nous cette partie de notre être qui, proportionnellement, se manifeste plus spontanément, plus immédiatement et avec plus d'efficacité, plus d'authenticité. Les hindous appellent cela le *svadharma*, le support existentiel qui favorise plus particulièrement l'épanouissement de la spécificité de notre âme et fait de nous une personne à part entière.

Robert Faure : Roland Rech, vous avez dit tout à l'heure que le moi était une construction. Nous sommes dans un contexte judéo-chrétien, et la notion de personne est une notion qui nous est quotidienne et habituelle. Si le moi est une construction, la personne est-elle une illusion ? Quel degré de réalité attachez-vous à la personne ?

Roland Rech : Je crois qu'on ne peut pas nier l'existence de la personne, mais son degré de réalité est de ne pas être une réalité ultime. Ce qui est important, c'est de sentir que la réalité ultime traverse notre personne, mais qu'elle est complètement au-delà d'elle et qu'au fond on devient réellement conscient de soi-même quand on devient conscient de cela, qu'on ne se considère pas soi-même en tant que personne déterminée avec ses caractéristiques, son *karma*, etc., comme étant la réalité ultime. Finalement, par delà ces caractéristiques dont nous héritons à notre naissance et que nous développons au cours de notre vie, ce que nous sommes est un être de relation, d'interdépendence avec tout l'univers, il n'y a rien en nous que l'on puisse isoler du reste. Pour moi, la personne est rencontre et interdépendance. Dans le zen, on parle de vacuité, mais pas au sens de néant, de totale abnégation de la personne, mais plutôt au sens d'absence de quelque chose de fixe, de déterminé, ce qui permet précisément le changement, la transformation, ce qui permet la rencontre. Si nous étions des personnes au sens d'êtres clos, avec une certaine permanence, une certaine fixité, il n'y aurait ni transformation possible, ni rencontre, ni communion.

Robert Faure : Patrick Estrade, est-ce que pour vous la personne est sacrée et que le moi ne l'est pas ?

Patrick Estrade : Je pense qu'il ne faut pas tout mélanger. Le moi n'a rien de sacré, sauf peut-être pour les égoïstes qui n'ont d'autre but dans la vie que de se regarder le nombril en chantant : « Et moi, et moi, et moi... », moi dont ils ne savent, au demeurant, généralement pas grand-chose. Le moi est la partie consciente du psychisme. Rien de plus. Mais si ce n'est pas grand-chose, ce n'est pas rien non plus. En me plaçant d'un point de vue psychologique analytique, je dirai à l'instar de Sigmund Freud : « Là où régnait de Ça (c'est-à-dire les pulsions inconscientes de l'individu), devra régner le moi » ; mais j'ajouterai immédiatement : « Faisons en sorte que là où régnait le moi règne le nous. »

Pour moi, la personne c'est tout autre chose. La personne, c'est l'individu référé aux autres individus et qui, en conséquence, s'inscrit dans un contexte social et humain d'échange et d'accueil. J'ai beaucoup apprécié, il y a quelques années le titre d'une émission de télévision : « Le bébé est une personne ». C'est bien là que se situe la question. Le bébé, ce petit d'homme, est une nouvelle personne qui vient se faire accueillir dans le monde des humains en leur demandant de se serrer un peu pour qu'il puisse avoir une petite place. En se sens, je considère que la personne humaine est sacrée car elle est don : don des autres à soi et don de soi aux autres. Ce don réciproque, c'est ce qu'on appelle l'amour.

STAN ROUGIER : Le moi, c'est sans doute ce qu'on appelle l'ego dans beaucoup de religions, c'est-à-dire cette part de nous-mêmes qui refuse ou qui bloque la relation. C'est peut-être aussi tout ce fatras d'idées qu'on nous a mis dans la tête et qui n'est pas nous, mais que nous prenons pour nous-mêmes et qui n'est qu'un personnage très encombrant. La personne est capable de dire « je » et « tu », de s'engager dans une relation, d'être responsable et fidèle. Pour y penser, j'ai besoin de faire appel à deux hommes que j'aime, Clavel et Claudel. Un ami, Maurice Clavel, journaliste, qui après sa conversion disait : « C'est parce que Dieu me dit "tu" que je peux dire "je" ». En l'écoutant parler, j'avais le sentiment que sa relation avec

Dieu lui permettait d'être une personne, d'être quelqu'un. Je dis volontiers que Dieu est le plus court chemin d'un cœur à un autre. Dans une des pièces de Claudel, un homme dit à une femme : « À mesure que tu parles j'existe. » Cette phrase résonne souvent en moi. Il y a des êtres qui ne sont pas vivants, qui sont en attente, un peu comme la Belle au bois dormant. Ils ont besoin qu'un regard les réveille, un regard valorisant. Trop de regards pèsent sur nous, et nous disent : « Tu n'es rien. » D'autres regards nous disent : « Ton existence me concerne, j'ai besoin de toi. » Par ce fait même, ils nous font exister.
Lorsqu'à dix-sept ans je m'occupais de jeunes délinquants, je lisais une attente sur leur visage déjà très vieillis et leur vie toute cassée. J'avais envie d'exister très très fort pour eux, pour les aider à croire en eux-mêmes. Je pense qu'il y a en chacun de nous un *je* profond que nous ne soupçonnons pas et nous avons besoin de faire appel à toutes les grandes religions – lorsqu'elles ne sont pas pensées contre l'homme – pour faire émerger cette âme profonde... et à Jésus-Christ, bien sûr. Personnellement, j'y crois.

Cheikh Bentounes : J'illustrerai ma réponse par l'histoire de celui qui cherchait un cœur à l'oignon. Chaque fois qu'il enlevait une enveloppe, il en trouvait une autre et ainsi, de couche en couche, il finit par ne plus avoir d'oignon. Je crois que la personnalité, le moi, l'individu sont une seule et même chose, formant un tout, et l'on ne peut de fait saisir l'être que dans son unité. Tandis que la personnalité est l'aspect constant en nous, c'est la partie la plus visible qu'on découvre en premier en chacun. Le moi, lui, est un aspect plus caché de l'être qui change, évolue ou régresse selon l'état de conscience et d'éveil.
Dans le soufisme, le moi se définit par trois états. Le premier s'appelle *al nafs el ammâra* : c'est l'âme obscurcie qui

se plaît dans le mensonge et la perversion, génératrice de nuisance pour elle-même et pour autrui.
Le deuxième état, *al nafs lawwäma*, est le moi qui, éclairé par intermittence, prend conscience petit à petit de lui-même, cherche son salut et un sens à sa vie. Il prend progressivement conscience de ses limites et de ses défauts. Améliorant ses comportements avec autrui, il chemine alternativement d'un état d'ouverture plein d'amour et de compassion à une phase de resserrement, de mélancolie et de regret. Il balance ainsi entre deux extrêmes à la quête de la vérité.
Le troisième stade, *al nafs el mutma'inna*, est le moi pacifié qui vit l'harmonie, plongé au centre de l'être, lieu pur de la concience universelle. Apaisé, il accepte et agrée ce que la vie lui a donné. Vivant l'harmonie, il est en paix avec lui-même et avec le reste de la création. Il découvre alors la pensée juste, la parole juste, l'acte juste et le sens de la guerre sainte, la guerre spirituelle, celle qui mène à la réalisation du soi.

Jean Letschert : Je pense que l'idée de la personne est intimement liée à l'idée que nous avons de la nature de l'âme. L'hindouisme, et plus particulièrement les grands textes d'enseignement upanishadiques, ont comme figure centrale le *Purusha*. Le *Purusha* est la grande innovation qui fera passer le védisme à une véritable spiritualité de l'être. Il est la première manifestation structurée de l'âme cosmique. *Purusha* est généralement traduit par « personne », mais j'utilise plus volontiers la notion d'homme archétypal, c'est-à-dire le passage de l'âme non organique à l'âme organisée. En tant que « polythéisme », au sein duquel se dissimule un monothéisme non affirmé, l'hindouisme considère qu'il n'y a rien que l'on puisse qualifier d'« âme individuelle ». Il y a l'Âme, qui est immanente, qui n'appartient à personne et qui est partout. Le

Purusha manifesté dans la personne humaine est la capacité de s'éveiller à la présence de l'Âme universelle. D'où l'évidence que l'idée de la personne est liée à celle de l'âme. Il n'est rien que je puisse réellement définir comme étant « mon âme », exclusive et privée. La personne est mitoyenne entre l'âme du monde et le moi individuel, et selon notre entendement, soit nous allons vers l'un soit nous allons vers l'autre.
L'expérience mystique consiste précisément à prendre conscience que notre personne est traversée par l'Âme universelle. Nous ne nous éveillons pas en tant que propriétaire de l'âme qui nous habite, l'âme de Pierre, de Paul ou de Jacques. Je ne suis pas dépositaire d'une âme qui m'a été léguée et qui m'est exclusive, mais je peux m'éveiller à la présence en moi de Cela qui anime le Tout. Et à partir de l'instant où je me suis éveillé à Cela, je ne suis plus différent du Tout.

Robert Faure : Nous entendons, dans notre culture chrétienne, que Dieu est Père. Notre Père. Cheikh Bentounes, comment réagissez-vous à cette attribution de la paternité à Dieu, alors qu'Allah est perçu sous une autre « prudence » d'appellation ?

Cheikh Bentounes : Il faut s'entendre sur le mot « Père ». À l'origine du christianisme, je crois qu'il a un autre sens. Le nom, *ab*, qui signifie « père » dans la langue sémite, s'employait soit pour désigner le père de famille, ou le seigneur des lieux, *rab oul beit*. *Ab* et *rab* étaient donc employés indistinctement pour désigner l'autorité.
Dans la symbolique de l'ésotérisme islamique, *ab* est constitué des deux premières lettres de l'alphabet, desquelles découle toutes les autres lettres ; il est par conséquent l'origine de toute origine et c'est à Lui que tous nous appartenons et c'est vers Lui que tous nous retournons.

Stan Rougier : Tous les noms, même les quatre-vingt-dix-neuf noms de Dieu du Coran, craquent quand on les attribue à Dieu. Dieu dépasse infiniment tout ce que nous pouvons dire pour Le nommer. Une prière de Grégoire de Naziance dit : « Toi l'Au-delà de tout, n'est ce pas tout ce qu'on peut dire de Toi ? »
Abba, dans la bouche du Christ, et *Abba* que les enfants juifs disent et qui signifie « petit papa chéri », dénote l'intimité la plus totale. J'aime bien, Bentounes, que vous ayez employé tout à l'heure le mot « mystère ». Mystère signifie « source illimitée d'initiation et d'inspiration », plutôt que « pas touche ». Donc, il y a à creuser le mot *Abba* pour être avec Dieu dans une relation d'abandon et de confiance. Toutes les images qu'on nous a mis dans la tête en nous montrant Dieu comme un Jupiter sont vraiment l'antithèse de la nature divine.

Le sens sacré de la tradition

Arnaud Desjardins

Nous ne donnons peut-être pas tous le même sens au mot « tradition ». Il arrive, surtout aujourd'hui, que les termes « tradition » et surtout « traditionaliste » puissent être pris dans le sens d'un certain intégrisme. Ce n'est pas du tout dans ce sens-là que je veux les employer aujourd'hui.

Tradition signifie simplement ce qui est transmis, transmis depuis longtemps, de générations en générations, et notamment de maître à disciple : des convictions, un cadre, une doctrine, des pratiques et surtout une promesse. La promesse, c'est que nous sommes appelés à une transformation personnelle qui est elle-même la vraie réponse à toutes les questions que nous pouvons nous poser, un accomplissement stable de la demande fondamentale que nous portons tous en nous : être heureux, tout simplement, ou échapper à la souffrance. « Être heureux » ou « échapper à la souffrance »... Il me semble que ces expressions simples ont tout de suite un écho en nous, ce qui ne veut pas dire que toute la vie spirituelle se limite à ces expressions. « Tous les êtres vivants aspirent au bonheur », nous dit avec insistance le Bouddha. Nous savons que tous les êtres humains ne le cherchent pas dans la même direction ; certains le cherchent apparemment dans des voies égoïstes et d'autres dans des voies plus altruistes.

Il y a les différentes traditions, les grandes voies religieuses, majoritaires ou minoritaires, y compris certaines traditions moins connues, souvent même en voie de disparition comme celle des Indiens d'Amérique ; mais il y a surtout le fonds commun à toutes, leurs dénominateurs communs. Ce qu'elles nous proposent avant tout, c'est une transformation radicale. C'est parce que les péripéties de mon existence m'ont donné la possibilité de vivre auprès de maîtres soufis dans l'islam, de maîtres bouddhistes, de maîtres hindous, auprès de religieux contemplatifs chrétiens, que je me permets de parler de la tradition au cœur des traditions ou de l'enseignement fondamental qui sous-tend tous les enseignements particuliers : la paix, c'est toujours la paix ; la liberté intime, c'est la liberté intime ; la compassion, c'est la compassion ; l'amour, c'est l'amour ; la sagesse, c'est la sagesse.
Il y a là un vaste domaine, qu'il s'agisse de ceux et celles qui ont voué leur vie à Dieu dans le silence du cloître, la solitude de l'ermite, ou de quelques disciples auprès d'un maître qui se consacrent nuit et jour à la pratique de l'ascèse, de la prière, de la méditation ou à d'autres exercices spirituels. Et puis il y a aussi tous ceux que ce sens du sacré touche peut-être profondément mais que leur tempérament, leur nature, ne pousse pas à s'engager aussi radicalement sur la voie, et qui pourtant ne peuvent pas renoncer complètement – s'il y a quelqu'un de très bien placé pour en parler, c'est bien moi – à cette dimension en pensant qu'elle est réservée à quelques mystiques comme

saint Jean de la Croix, à quelques rimpochés tibétains, ou à quelques très rares swamis hindous.
Ce qui est important, c'est de savoir à quel niveau nous parlons. Pour employer une image très simple, il est évident que nous pouvons éprouver une grande joie à jouer convenablement du piano sans pour autant nous entraîner plusieurs heures par jour comme les plus grands virtuoses. Or il y a souvent dans ce domaine beaucoup de confusion. Parlons-nous du sage ou du mystique qui a complètement transcendé le niveau de conscience habituelle, qui a découvert en lui le fondement ultime de son être, qui est devenu ce qu'on appelle en Inde un *jîvan-mukta*, un libéré vivant, ou essayons-nous d'évoquer la condition humaine ordinaire ? Parlons-nous des étapes de la voie, comme une lente préparation à un éveil, ou bien nous référons-nous à l'extension du cœur de la voie, c'est-à-dire à la vie religieuse en général de millions d'hindous, de bouddhistes, de chrétiens ou de musulmans ?
Le but, c'est cette transformation que l'on trouve diversement évoquée dans les différentes traditions. Il ne s'agit pas d'une amélioration mais d'une transformation au vrai sens du mot, d'une métamorphose. Une image ô combien éloquente est celle de la chenille dont le vrai destin n'est pas de se perfectionner en tant que chenille, mais de se transformer en papillon. Dès les premiers temps du christianisme, le théologien Irénée a dit cette parole si souvent citée : « Dieu s'est fait homme pour que l'homme puisse se faire Dieu. » Aujourd'hui encore, l'Église orthodoxe utilise l'expression « déification de l'homme », alors que les catholiques diraient sans doute plutôt « sanctification ». On peut aussi parler, comme saint Paul, de « la mort du vieil homme » et de « la naissance de l'homme nouveau ». Les hindous emploient beaucoup le terme *moksha*, « libération » ou « réalisation », pas tant au sens de réaliser (comme un réalisateur de cinéma qui réalise

un film) mais au sens de « avez-vous bien réalisé que », « êtes-vous bien devenu conscient que »... votre vraie nature fondamentale est une réalité située au-delà du temps, de la naissance et de la mort, au-delà de l'espace et de la multiplicité ? Les bouddhistes parlent de découvrir ou de s'éveiller à sa véritable nature, à la nature de l'esprit, à sa nature de Bouddha ; un terme commun aux hindous et aux bouddhistes est celui de *nirvana*. Les soufis parlent de *fana*, traduit communément par « extinction », la mort à soi-même, qui se transforme en *bakka*, « subsistance en Dieu ». L'aspiration à cette radicale transformation peut nous consumer, nous brûler entièrement. L'important est que nous soyons totalement véridiques et sincères envers nous-mêmes et que nous nous engagions sur la voie en mesurant ce que nous sommes prêts à donner pour cette transformation à laquelle nous aspirons.

Tous ces enseignements traditionnels transmis depuis tant de siècles – parfois même deux ou trois mille ans – s'expriment selon deux lignes que nous avons du mal à entendre vraiment. La première est une extraordinaire promesse, ou espérance : vous pouvez découvrir en vous-mêmes la réalité ultime comme étant le fondement de votre être, quel que soit le nom que l'on donne à cette réalité ; vous pouvez vous établir au-delà de la souffrance, au-delà de l'identification à ce qui naît, vieillit et meurt, au-delà de toute limitation, de toute séparation, ce qui est pourtant notre condition habituelle.
On peut se poser la question : les Écritures mentent-elles ou disent-elles la vérité ? S'agit-il d'un leurre, d'une illusion ou non ? De génération en génération, certains sages ou maîtres, dont beaucoup ont laissé un nom dans l'histoire, ont repris à leur compte ces promesses, cette « bonne nouvelle », et s'en sont fait les témoins. Au-delà de toute question d'humilité ou d'orgueil, ils ont dit :

« C'est vrai et j'en porte témoignage. Pourquoi cela ne deviendrait-il pas vrai pour vous ? » On emploie des termes comme sainteté, sanctification, déification, libération, éveil..., pour nous faire comprendre qu'il s'agit d'un accomplissement qui transcende complètement toutes les situations les plus heureuses qui puissent nous advenir ou les accomplissements habituels – sans pour autant contredire systématiquement ces accomplissements et ces moments heureux. Il s'agit donc là d'un but différent des buts ordinaires des hommes, même les plus légitimes, à savoir une activité professionnelle intéressante, se marier, connaître l'amour, voyager, avoir une vie culturelle et artistique, etc. Il s'agit d'autre chose.

En même temps que cette immense espérance, que cette incroyable promesse, tous ces enseignements – chacun dans la ligne qui lui est propre – tiennent des propos sévères sur la condition humaine non régénérée : sommeil, illusion, ignorance, aveuglement, qui traduisent des termes sanskrits, chinois, arabes. Notre condition humaine habituelle n'est pas le véritable accomplissement auquel nous sommes appelés.

Une autre image est celle du gland dont le véritable destin est de mourir en tant que gland pour atteindre sa pleine stature de chêne. La perfection du gland, c'est le chêne. Les plus grands sages n'ont jamais hésité à employer des images extrêmement simples qui peuvent même être éloquentes pour un enfant.

Il se peut qu'une manière de témoigner de ces vérités, de la voie, vous touche plus qu'une autre. Il se peut aussi que le choc ne soit pas venu pour nous de la lecture des Écritures – les paroles du Bouddha, les évangiles... – mais d'une rencontre avec un être humain : la première rencontre que nous avons faite avec un homme ou une femme à ce point transformé peut être décisive dans notre existence. Certains ont rencontré un ou une hindou(e), d'autres un soufi, un moine dans un monastère cistercien ou bénédictin, dont l'humilité, le rayonnement et la joie les ont émerveillés. La rencontre humaine est sûrement un facteur très important : quelqu'un peut me montrer que quelque chose est possible par ce qui émane de lui et que je sens, par la manière dont il témoigne. Il me fait envie. C'est peut-être en écoutant un grand virtuose qu'un jour nous avons découvert notre vocation de pianiste et, souvent, c'est en rencontrant tel mystique, tel maître, tel disciple, que le choc se produit en nous. Voilà un aspect de l'existence dont j'étais simplement informé et qui, tout d'un coup, du fait de cette rencontre, devient tellement vivant et tellement important dans ma propre existence. À ce moment-là c'est à nous de sentir la voie dans laquelle nous souhaitons nous engager et que nous voulons approfondir. Et, dans le cadre de cette voie, quel est le maître, qu'il s'agisse d'un homme ou d'une femme, avec lequel nous sentons le plus d'affinités ?

Il y a donc l'aventure personnelle intime que nous pousserons plus ou moins loin – et, pourquoi pas, très loin – et puis il y a la vérité de nos existences au jour le jour. Nous n'avons pas tous, tout de suite, les prédispositions de sages comme ceux qu'a produits l'Inde au XXe siècle, tels que Ramana Maharshi ou swâmi Ramdas, de Jean de la Croix dans le christianisme, ou de Jalaluddin Rûmi autrefois dans l'islam. « Nous ne sommes pas, disait Ramana Maharshi, comme de la poudre à fusil qui s'enflamme au premier contact d'une allumette. » Il disait encore : « Le charbon de bois est combustible aussi, mais il s'enflamme plus difficilement. » Lorsque nous nous engageons sur une des voies traditionnelles, nous allons découvrir que nous ne portons pas en nous l'unique désir de l'éveil ou de la déification, loin de là, mais que nous sommes aussi animés par beaucoup de désirs, et inversement de craintes,

qui tiennent à la condition humaine telle qu'elle s'exprime en nous. Il y a tout un contenu qui est le nôtre et que les situations de l'existence réveillent, soit sous la forme du désir, qu'on appelle communément « attraction », soit sous la forme de la crainte ou du refus, la « répulsion ».
La condition ordinaire suppose un travail, une démarche à accomplir. Et en même temps, ce qui est particulier sur la voie, c'est que nous ne cherchons pas, contrairement à toutes nos autres entreprises, à produire, à créer une réalité qui n'existe pas encore aujourd'hui, sauf à l'état potentiel, et qui sera le fruit de nos efforts. Un réalisateur de film, métier que j'ai exercé autrefois, part d'une idée, cette idée devient un scénario écrit, ensuite on réunit les moyens nécessaires, le tournage a lieu, puis vient le montage, et un jour on projette dans une salle un film qui n'avait aucune existence préalable. Ce que nous cherchons sur la voie, c'est une réalité qui est préalable à tous nos efforts.
On pourrait employer cette image : nous cherchons une source pour irriguer notre jardin et le sourcier ou le géologue nous affirment qu'il y a de l'eau à trente mètres de profondeur et nous conseillent de faire un forage. C'est grâce au forage que l'eau va jaillir dans notre jardin, mais ce ne sont ni le forage ni nos efforts qui ont créé la nappe d'eau. Une autre image : nous sommes déjà nus sous nos vêtements et, si nous désirions pratiquer le naturisme, nous n'aurions pas le moins du monde à créer cette nudité, mais simplement à enlever les vêtements qui la recouvrent. Des images aussi simples peuvent déjà nous donner une indication pour éviter ce qui peut, dans les débuts de notre recherche, être une source d'incompréhension. Il est évident qu'on n'est pas « plus ou moins nu » ; s'il reste encore une chaussette à un pied, je ne suis pas nu. L'eau ne jaillit pas plus ou moins dans le jardin ; si j'ai forré vingt-huit mètres et que la nappe d'eau se trouve

à trente mètres, l'eau ne jaillit pas encore. Si l'on n'est pas plus ou moins nu, on est plus ou moins vêtu, plus ou moins habillé ou déshabillé. La tête foreuse est plus ou moins éloignée de la nappe d'eau.

Certains enseignements insistent beaucoup sur une approche radicale : « Ou vous êtes éveillés, ou vous ne l'êtes pas encore », semblant minimiser tout ce qui est progression sur la voie. Pas de gradation. Cependant, la plupart des maîtres proposent un cheminement, une préparation, qui aboutira un jour, en effet, à une rupture de niveau, un passage sur un autre plan de conscience. Tous les enseignements avec lesquels j'ai pu être en contact, que j'ai étudiés et approffondis, admettent cette progression. Mais comprenons bien qu'il ne s'agit pas d'une progression dans la ligne des efforts habituels que nous faisons et qui produisent des fruits. Il s'agit avant tout d'une démarche pour découvrir, rejoindre, s'éveiller à la réalité ultime dont notre existence individualisée telle que nous la connaissons – moi, l'autre, la conscience dite « de l'ego », la séparation, la limitation... – est une manifestation, une expression.

Celui qui s'engage sur une de ces voies qui ont fait leurs preuves à travers les siècles, c'est celui qui veut avoir l'expérience personnelle de cette réalité telle que sa propre tradition la lui laisse pressentir. Pour l'un, ce sera de vivre la vie trinitaire de Dieu, pour l'autre ce sera la vision de Dieu, pour un autre encore, l'éveil à sa nature ultime ; mais il se peut que sous ces différentes appellations que personne ne peut nier, l'expérience ultime soit, en fait, la même, au-delà de toutes les possibilités d'expression, d'évocation, de description. Il y a ceux qui lisent des ouvrages de voyages, et pourquoi pas même des prospectus d'offices de tourisme ou d'agences de voyage, et il y a ceux qui sentent : « Je dois faire le voyage moi-même, me rendre sur place. » Telle est la demande qui s'éveille chez certains êtres. Je crois donc que l'on peut donner cette définition : le mystique, le chercheur spirituel ou le disciple, c'est celui ou celle qui veut intensément que ces grandes promesses deviennent vérité pour lui ou elle. Ce n'est pas une petite affaire ! Les témoignages des Anciens sont très clairs : cette démarche est longue et difficile et demande beaucoup de détermination, de persévérance, de consécration. Ce prix à payer est loin d'être toujours clair aujourd'hui pour tous ceux qui sentent un attrait pour la vie spirituelle ou qui sont touchés par la rencontre avec tel ou tel sage.

En même temps que ces enseignements nous proposent un but réellement transcendant, pourtant concret et accessible – il ne s'agit pas d'une croyance mais d'une vérification, d'une réalisation –, ils tiennent compte de notre vérité d'aujourd'hui, de nos limitations, de nos attachements, de nos peurs, de nos désirs, de tous nos symptômes actuels de non-libération. À cet égard, une distinction très classique et simple consiste à ne pas se contenter de dire – on l'a répété trop souvent au cours de ces derniers siècles : « L'homme est composé d'un corps mortel et d'une âme immortelle », mais à adopter l'anthropologie ternaire connue dans les débuts du christianisme : le corps, l'âme et l'esprit, *soma*, *psukhê* et *pneuma*.
Le corps, nous savons ce que c'est le niveau physique et physiologique en nous, appelé « corps grossier » dans la tradition sanskrite. L'âme, c'est le psychisme, c'est-à-dire tout ce qu'étudie une science qui ne cesse de progresser : la psychologie. Subsiste-t-il quelque chose de ce psychisme après la séparation de celui-ci d'avec le corps physique ? Cette question peut-être débattue et certains enseignements prennent d'ailleurs position à ce sujet. Et puis le troisième niveau, plus profond en nous, appartient au domaine proprement spirituel, pneumatique. Pour ne prendre que la tradition de l'Occident, il est clair chez les

auteurs des premiers siècles du christianisme que cette distinction entre les « hommes psychiques » et les « hommes pneumatiques » était très précise. Le niveau psychique est celui qu'étudie la psychologie – « âme » n'est autre que la traduction du grec *psukhê* –, il ne faut donc pas confondre âme et esprit, du moins dans un des sens du mot « esprit » sur lequel je vais m'arrêter quelques instants. Ce psychisme, qui est très marqué par les influences anciennes, par toutes les impressions qui se sont gravées en nous (les *samskara* dans le langage technique de l'Inde) est fait de dynamismes et de propensions (*vâsana*) que les circonstances de l'existence peuvent éveiller soit sous forme de craintes ou de refus, soit de désirs et d'attirances parfois très forts. Même s'il existe de grandes lois que la psychologie tente de formuler, chacun a un psychisme spécifique qui correspond à la manière dont il fonctionne émotionnellement et mentalement à partir de la conscience habituelle, fondée sur les dualités ou les oppositions.

Première dualité : *moi*, au sens le plus simple du mot, et *l'autre*. En fait, l'ego, ce terme grandement utilisé, ne devrait pas être traduit par « moi » mais par « moi et... ». Moi et... quoi que ce soit d'autre. Moi et ma femme, moi et mon fils, moi et mon patron, moi et ma voiture, mais surtout, moi et ce qui se produit en moi : moi et ma fatigue, moi et ma tristesse, moi et mon angoisse, etc. Cet ego n'est jamais neutre. Il aime ou il n'aime pas, plus ou moins. Vous aimez être angoissé ? Non ! Vous aimez ressentir une émotion heureuse ? Oui ! Donc l'ego, au niveau psychique, fonctionne dans cette double dualité : moi et l'autre. De l'autre dépend mon bonheur et ma souffrance suivant qu'il répond oui ou non à mon attente. Autre dualité : nos divisions massives telles que bon-mauvais, favorable-défavorable, menaçant-rassurant, frustrant-gratifiant. En nous, à partir des impressions qui nous frappent, à partir de ce que nous percevons et concevons jour après jour de la réalité, se succèdent des désirs, des peurs, des sensations diverses, des émotions et des pensées en tous genres, depuis ce qui est considéré comme brutal, trivial,criminel, sadique jusqu'à ce qui est considéré comme noble, généreux, altruiste. Ces bases sont essentielles pour comprendre comment nous fonctionnons.

En nous ouvrant à un certain enseignement, avec une grande disponibilité pour entendre des paroles inattendues et surprenantes, en étant peu à peu convaincus, en pratiquant, en nous exerçant aussi bien dans des moments particuliers de méditation que dans le courant de l'existence, en situation, nous faisons sur nous-mêmes, dans la profondeur de notre être, des découvertes. Finalement, c'est toujours en nous que cela se passe. Sous forme de perceptions – j'entends, je constate, je vois, j'apprends, on me dit que – et de conceptions – les conclusions que nous en tirons, c'est rassurant, c'est menaçant, c'est une bonne nouvelle, c'est une mauvaise nouvelle –, en nous se succèdent des états d'âmes qui s'imposent. En tout cas dans des conditions ordinaires – bonne nouvelle-émotion heureuse, mauvaise nouvelle-émotion douloureuse –, se succèdent des pensées qui nous préoccupent beaucoup aujourd'hui mais qui n'avaient aucune existence pour nous il y a six mois et qui seront peut-être oubliées dans deux ans. Émotions, pensées, condition physique, ces états changeants qui dépendent d'innombrables facteurs surgissent en nous mécaniquement. Des causes produisent des effets, des jeux d'actions et de réactions sont à l'œuvre.

Mais aussi forts et intenses que soient ces changements qui se produisent dans notre psychisme, ils ne sont que la surface de notre conscience ou de notre esprit, comme diraient les bouddhistes. Pour comparer la conscience, on a parfois employé cette image de l'océan qui demeure, et tous nos états d'âme, nos pensées, nos joies, nos peines, nos fureurs et nos élans d'amour sont semblables à des vagues qui s'élèvent et retombent à la surface de cette conscience. En nous exerçant à ne plus nous identifier à chaque instant à tel état intime, intérieur mais en relation avec les situations extérieures, nous découvrons peu à peu en nous une conscience qui ne fonctionne plus selon la dualité : bonne nouvelle-mauvaise nouvelle, favorable-défavorable, heureux-malheureux, une conscience tranquille, libre, compatible avec les pensées qui peuvent se présenter (voilà ce qu'il y a à faire, voilà ce qui a été accompli, voilà ce qu'on me dit et comment je réponds). Il ne s'agit pas d'une conscience qui ne concernerait que des états d'extase ou, comme on dit en Inde, de *samadhi*, mais d'une conscience qui échappe à ce jeu d'oppositions.

Pour utiliser une terminologie chrétienne, c'est à ce niveau central en nous, stable, libre des opposés, et qui existe chez tout homme, y compris chez ceux qui le négligent complètement, que se situe vraiment notre part spirituelle. C'est à ce niveau que nous pouvons réellement entrer en relation avec la réalité ultime, avec l'Esprit. Ce qui crée beaucoup de malentendus, tant dans la compréhension que dans la pratique, c'est précisément la confusion entre psychique et le spirituel. Sans doute pourrait-on dire prudemment que les religions, dans leur extension à un très vaste public, considèrent principalement le niveau psychique, c'est-à-dire le fait de remplacer des valeurs médiocres par des valeurs plus nobles, essayer de mettre en cause l'égoïsme excessif, de se laisser toucher par des idées plus altruistes, d'être plus sensible à telle ou telle forme d'art proche de l'art sacré, mais sans radicalement mettre en cause notre état de conscience habituel. En disant cela, je ne méconnais pas les aspects positifs de la religion qui donnaient, j'insiste, sens, dignité, lumière, une certaine ferveur, à l'existence du plus grand nombre. Nous avons tous cette réalité psychique en nous qui peut

être nourrie, éduquée, et les religions ont été de fantastiques facteurs de culture, de civilisation – quelles qu'aient pu être parfois leurs erreurs, quand ce n'est pas, hélas, leurs crimes. Et puis, au cœur de ces religions, il y a la vie proprement spirituelle qui est d'un autre niveau et qui nous demande de passer au-delà de l'expérience habituelle, au-delà du monde des désirs et des peurs, qui implique un grand détachement.
On ne peut être détaché que de ce qui se détache naturellement de nous : de plus en plus de liberté. Et il y a certainement un rapprochement à faire avec le thème central de toutes les approches philosophiques : les deux grands mondes des auxiliaires « être » et « avoir » sur lesquels s'articulent notre langue et notre pensée. La vie psychique est avant tout une question d'avoir. Avoir des enfants, avoir une épouse charmante, avoir un métier intéressant, avoir des idées généreuses, un *avoir* plus ou moins grossier ou subtil. Or la vie spirituelle est un incroyable dépouillement progressif par rapport à l'*avoir* sous toutes ses formes, pour l'approfondissement de l'être.

Il faut dire aussi que le monde dans lequel nous vivons, et dont je me suis toujours senti solidaire même si j'ai beaucoup séjourné en Asie autrefois, n'est plus un monde imprégné de religion, ni un monde qui fait clairement de la place aux valeurs spirituelles. Ainsi, notamment, parmi tous les types de réussite que les médias et notre contexte socio-culturel nous proposent, le saint ou le sage ne jouent pratiquement plus aucun rôle, ce qui n'est pas du tout le cas dans d'autres sociétés, où le saint, le sage, le *cheikh*, le *pir*, le *swâmi*, le gourou, le *maharâj*, le *mahâtma*, le *rimpoché*, ou certains mystiques marginaux comme il en a toujours existé, sont la valeur suprême de la société et reconnus comme tels. Je ne sais pas comment évolue l'Inde en ce moment, mais je sais ce qu'elle était encore il y a vingt-cinq ans. Le contexte occidental dans lequel nous baignons et qui nous a imprégnés plus que nous ne le croyons ne nous facilite pas les choses. Mais en même temps, des circonstances plus difficiles rendent les choses plus claires. Il peut y avoir un certain consensus religieux qui apporte un peu de sagesse dans nos existences mais qui ne nous pousse pas à chercher plus loin – sauf les mystiques qui s'engagent corps et âme sur la voie, mais qui ont toujours été minoritaires dans toutes les sociétés. Aujourd'hui, c'est plus clair, nous avons le choix entre la peur, la souffrance, la violence ou bien nous engager sur le chemin de la sagesse, de la connaissance de soi – on ne peut pas être libre de mécanismes qu'on connaît mal ou pas du tout – de la découverte intérieure.

Bien entendu, « l'Esprit souffle où il veut », dit l'Évangile, et nous ne pouvons pas codifier la vie spirituelle pour la faire entrer dans nos catégories habituelles. Il y a toujours eu des exceptions et ce sont justement elles qui confirment la règle par leur caractère exceptionnel. La règle est que, si nous ne sommes pas des génies de la spiritualité, il est nécessaire que nous cherchions la voie sur laquelle nous pourrons nous engager, sur laquelle nous recevrons l'aide, les conseils des Anciens, de ceux qui ont suivi la voie avant nous. C'est vrai pour tout art, pour toute technique que l'on veut étudier ; pourquoi ne le serait-ce pas pour la démarche la plus importante et la plus subtile qui est celle de cette transformation : la mort du vieil homme, la naissance de l'homme nouveau ?

Même si des maîtres tout à fait originaux, qu'on ne sait où situer dans la tradition, ont existé et même si l'histoire a retenus leurs noms au chapitre des maîtres authentiques, il n'en est pas moins vrai que nous recevons une aide précieuse et solide en nous engageant sur une voie dite traditionnelle. Nous découvrons un monde qui existe depuis longtemps, avec ses textes fondateurs considérés comme révélés ou inspirés, ses commentaires, les paroles des maîtres, l'expérience de la pratique, les difficultés de la voie qui s'enrichit de génération en génération. Je remarque que c'est une réalité que beaucoup d'Occidentaux ont du mal à admettre. L'idée même d'un enseignement, d'une voie organisée ou d'un maître qui nous transmet des connaissances et une pratique, qui nous guide sur le chemin de cette transformation intime, est parfois très mal comprise, voire refusée.

Nous admettons que nous avons besoin d'un professeur pour apprendre le violon, nous admettons même que nous avons besoin d'un psychanalyste ou d'un psychothérapeute pour explorer notre inconscient, mais nombreux sont les « chercheurs » qui s'insurgent quand on leur parle de la nécessité d'avoir un maître et veulent faire leur chemin par eux-mêmes : « Je prends un peu par ici, je prends un peu par là. » C'est un très grand risque. Le niveau de conscience habituel est très puissant, très retors, et rejoindre une tradition dont les connaissances sont bien prouvées et vérifiées, demander à ceux qui ont l'expérience de nous guider peut soulever bien des réticences et des peurs. Pourtant, c'est vraiment une garantie et une sécurité si nous voulons nous engager sur la voie car, si celle-ci est réellement efficace, elle peut présenter certains dangers lorsque nous faisons certaines erreurs d'interprétation ou que nous mettons mal en pratique les techniques qui nous sont proposées. Le psychisme humain est délicat, subtil, complexe, et ce qu'on appelle « travail sur soi » ne permet pas d'amateurisme.

L'autre péril, c'est une certaine étroitesse d'esprit. On s'habitue à un style, à un langage, un vocabulaire, on se nourrit d'une histoire, celle de sa propre tradition, de ses images, de ses mythes, de ses symboles et il devient difficile de comprendre des voies différentes de la nôtre. C'est ainsi qu'en toute bonne foi certains chrétiens peuvent se méprendre complètement sur le bouddhisme, que les bouddhistes peuvent se méprendre sur l'hindouisme, et ainsi de suite, sans parler de l'incompréhension générale que suscite l'islam dans le monde occidental – je parle bien entendu de l'islam profond, et non de l'islamisme. Malgré les rencontres et l'internationalisation des informations, on peut constater combien il y a d'ignorance, de préjugés et d'incompréhension d'une voie vis-à-vis d'une autre. Tout en étant fidèles à la voie sur laquelle nous nous sommes engagés, pour ne pas faire un immense mélange qui ne profiterait qu'à l'ego, il est important de garder un cœur et un esprit ouverts.

Un jour, nous avons eu la joie d'accueillir à Hauteville, le centre que j'anime, le cheikh Bentounès. Un de ses disciples a pris la parole pour témoigner et il a dit, sous les yeux de son maître qui se trouvait assis au premier rang : « Ma voie n'est pas la meilleure, mon maître n'est pas le plus grand. » Pour moi, c'est une parole superbe. « Ma voie n'est pas la meilleure », c'est une voie véridique, une voie qui ne me trompe pas, qui a fait ses preuves et qui a eu ses témoins dans tous les siècles, c'est la mienne, c'est celle qui me nourrit, qui me guide, qui me soutient, c'est celle sur laquelle je me suis engagé, mais je n'affirme pas que c'est la meilleure. « Et mon maître n'est pas le plus grand », il est qualifié pour me guider, il est celui ou celle avec qui je ressens une affinité particulière. Si nous pouvions tous être imprégnés de cette ouverture, d'une part nous progresserions tous plus vite sur la voie du dépassement des limitations individuelles et de notre propre mental, mais d'autre part, nous serions mieux à même de nous rencontrer, de partager les trésors dont nous avons hérité et qui sont la richesse de l'humanité.

Dans mes premières années de recherche, j'étais très dérouté, souvent perdu, de voir les contradictions apparentes entre les livres que je lisais. Il me semblait que la

multiplicité des formes religieuses avait quelque chose de désespérant. Aujourd'hui, je le ressens au contraire comme une extraordinaire richesse. Alors que, comme on dit, la planète se rétrécit, nous avons hérité de la culture, de l'art, du vocabulaire, des pratiques du bouddhisme tibétain, zen, du yoga indien, de l'islam et du soufisme, des différentes facettes du christianisme, du judaïsme et du Talmud avec ses commentaires où tous les points de vue peuvent s'exprimer, et même de traditions moins connues ou en voie de disparition.
Le thème sera toujours la Voie. Et la Voie prend la forme des différentes voies, différentes en apparence. Vivons-le comme une richesse et non comme une source de conflits, libérons-nous de nos fausses convictions (« si j'ai raison les autres se trompent ») ou de nos doutes parfois angoissants (« si l'autre a raison c'est moi qui me trompe »). Plus tard, en dépassant les limitations du mental, en accédant à l'expérience personnelle profonde qui transcende toutes les mesures habituelles, nous verrons bien à quel niveau nous nous rejoignons tous.

Je voudrais revenir à ce que je disais au début et rappeler l'incroyable promesse. Nous pouvons nous souvenir, si nous avons reçu une formation chrétienne, que le Christ dit : « Soyez parfaits comme votre Père céleste est parfait », et aussi : « Que votre joie soit parfaite », que nous pouvons lire dans les épîtres : « La paix qui dépasse toute compréhension. » Le Christ dit encore : « Je vous donne la paix, mais pas comme le monde vous la donne. » Bien sûr, dans la condition ordinaire, quand le monde me fiche la paix, il me fiche la paix, quand il m'agresse, il m'agresse. « Soyez parfaits comme votre Père céleste est parfait » : parfait au sens de parachèvement, d'accomplissement – la perfection de la chenille c'est le papillon, la perfection du gland c'est le chêne parvenu à maturité. Posons-nous la

question à la fois sérieusement et simplement : « Qu'est-ce qui peut être parfait ? » Si nous sommes marqués par les demandes de perfection de notre enfance, cela voudrait dire que nous devrions être à la fois le meilleurs en mathématiques, en gymnastique, en lettres. Nous ne serons jamais le meilleur en tout, cette approche ne peut être qu'une impasse, une cause d'amertume, de dépréciation de nous-mêmes et de frustration. Qu'est-ce qui pourrait être parfait au sens d'achevé ? Ce qui peut être parfait c'est notre paix intime, parfaite, notre joie intime, parfaite, et notre amour ou notre compassion. Là, une perfection peut-être envisagée, dans la mesure où nous acceptons que dans tous les autres domaines nous sommes et serons toujours limités.
Quand nous parlons d'une paix parfaite, d'une joie parfaite, il ne s'agit pas du bonheur assez inconscient et habituel que nous avons connu par moments, en oubliant complètement que tant d'autres souffrent autour de nous. Afin de ne pas aboutir à un égoïsme subtil, il est très important que cette paix et cette joie parfaites s'associent à une compassion parfaite, et en même temps au sentiment profond de l'immensité de la souffrance autour de nous. Quand nous en avons fini avec notre propre possibilité de souffrir, que nous avons découvert en nous ce fondement stable et immuable, nous devenons complètement vulnérables à la souffrance des autres – un sentiment intense de toute cette souffrance, partout à la surface de la planète, mais qui n'est pas incompatible avec ce sentiment profond d'un autre ordre.
Les débutants sur la voie sont parfois surpris de voir que tel sage hindou, tel mystique, tel ascète paraît indifférent à la souffrance d'autrui et ne s'engage pas, par exemple, dans le service social. Nous connaissons l'exemple célèbre de Ramana Maharshi, presque universellement reconnu. Il ne s'est jamais intéressé à ce qui agitait l'Inde

entière, à savoir le mouvement de libération animé par Gandhi et Jawarlal Nerou. Jamais ! Certains Indiens ne le lui ont jamais pardonné. Mais on peut se méprendre beaucoup sur cette apparente indifférence. Tous ceux qui ont approché Ramana Maharshi ont été témoins de son immense, indicible compassion. Mais il est vrai aussi qu'il faut se garder de singer le comportement d'un maître alors que notre niveau d'être est loin de correspondre au sien : suis-je un nouveau Ramana Maharshi, est-ce que plus rien n'a d'importance que l'ultime ? Est-ce que, par la réalisation de cette réalité ultime, qui sous-tend le monde phénoménal, celui-ci ne m'apparaît plus que comme totalement relatif ou est-ce que je n'en suis pas encore à ce niveau de détachement ? Auquel cas il nous importe, si nous voulons fondamentalement progresser sur la voie, d'être véridiques et fidèles à nous-mêmes par rapport à ce que nous sommes aujourd'hui. Ce qui se passe dans le monde me touche encore à titre individuel, pas seulement par compassion pour la souffrance des autres ? Certaines perspectives ont encore le pouvoir de m'effrayer, de lever en moi un espoir ? Alors je ne suis pas encore situé au niveau d'absolue liberté de Ramana Maharshi, pour prendre un exemple parmi d'autres.

C'est ma vérité d'aujourd'hui. Je ne peux pas, sans me trahir moi-même, faire semblant d'être plus avancé que je ne le suis. Mélanger le point de vue ultime et mon point de vue actuel, ma manière de percevoir et de concevoir la réalité. Cela peut être une source de grand malentendu, de discussions stériles, parce que nous ne savons plus exactement à quel niveau nous situons notre échange. Il y a le cœur le plus profond de la spiritualité, qui doit être respecté, qui est radicalement transcendant et ne doit donc pas être ramené aux mesures ordinaires, et les mots les plus forts (libération, éveil) sont appropriés. Et puis il y a notre propre progression sur la voie de la purification, de l'ouverture du cœur et de l'esprit, où le travail au niveau psychique aura son rôle important à jouer. Si nous situons chaque chose à sa place et que nous savons bien à quel niveau nous parlons, tout devient beaucoup plus clair.

Pour conclure, je ne peux qu'insister sur le mot « tradition », c'est-à-dire un ensemble de vérités anciennes, éternelles, transmises de maîtres à disciples, qui ne relèvent pas de ce qui est situé dans le temps – un magnifique héritage encore vivant aujourd'hui, même s'il est oublié ou mal compris dans notre Occident actuel – qui ne peuvent donc pas se démoder mais qui sont cependant toujours nouvelles. Et sur la démarche personnelle à chacun, dans l'intimité de notre cœur, dans l'intimité de notre relation avec cette réalité ultime qui est déjà là en nous, qui est déjà l'être de notre être, la vie de notre vie, en laquelle « nous avons l'être, le mouvement et la vie », cette réalité qui nous attend au plus profond de nous-mêmes et dont nous nous détournons sans cesse, ou, au contraire, vers laquelle nous nous tournons de plus en plus.

Dialogue et rencontre des religions

Stan Rougier

P*rêtre dans la région parisienne, Stan Rougier est un homme de cœur et de conviction, très à l'écoute de notre monde, de ses rumeurs, de la quête d'espérance des jeunes et de leurs particulières exigences. Il porte un regard tendre et plein d'espoir sur ce qui l'entoure. Le titre de ses derniers livres :* Quand l'amour se fait homme *et* Dieu était là et je ne le savais pas.

Si vous êtes ici, c'est que Dieu vous fait signe. Un chauffeur de taxi qui emmenait Arnaud Desjardins au congrès lui a dit : « Les religions je n'aime pas trop, mais la spiritualité ça me plaît ! » Pour ma part, un autobus a failli m'écraser tout à l'heure. Il s'appellait « La Trinité » ! *(rires)*. Je crois que chacun pourra repartir d'ici avec son petit clin d'œil... que j'appelle parfois un « clin Dieu ».
Ce matin, j'ai parlé avec Yvan Amar au téléphone. Il m'a dit : « Je sais que tu vas parler au nom de Celui qui m'a fait parler et au nom de qui je vais me taire. » Je penserai à lui durant cet exposé. Yvan Amar est un très très grand ami.

Nous nous sommes rencontrés « à partir de Dieu »... J'ai frappé à la porte de son ashram en Inde, en 1972. Toute la nuit, il m'a parlé de Dieu. Il m'a fait part de son étonnante recherche spirituelle. Le chemin qu'il a parcouru en dit plus long que tous les propos que je pourrais tenir : il était d'origine juive et d'origine protestante.
Il a fait ses études dans une école catholique. Puis un jour, il a tout bazardé, comme la plupart de ses contemporains. Il a lu la vie de Ramakrishna, cette lecture l'a enthousiasmé et il est parti en Inde pour essayer de rencontrer un Ramakrishna vivant. C'est alors qu'il a rencontré swâmi Chandra, qui l'orienta vers les mystiques chrétiens. Par la suite, il a retrouvé ses racines juives et découvert le soufisme. Lorsqu'on lit ses deux livres, *Les Dix commandements* et *Les Béatitudes* (éd. du Relié), on comprend que les religions ne sont pas là pour s'exclure. « Je vous ai donné une voie à chacun, rivalisez avec la recherche du Bien », dit le Coran.
Il y a quelque temps, Arnaud Desjardins me dédicaçait son dernier livre : « À Stan qui a si bien compris que la religion c'est l'amour. » Il citait ce chant chrétien célèbre : « *Ubi Caritas et amor Deus ibi est* – « Là où est la charité, là où est l'amour, là Dieu se trouve. » Si Dieu est Amour, les religions ne peuvent pas s'ignorer ou se battre.
Une petite histoire drôle : un homme, à une époque où la mode était d'être anti-féministe et anti-Noirs aux États-Unis, meurt puis il revient à lui. Intrigués, les gens lui posent la question essentielle : « As-tu vu Dieu ? – Oui ! répond. – Comment est-il ? – Elle est noire ! » *(rires)*.
Voilà... Je suis prêtre et le prêtre, dans toutes les religions, est appelé l'homme du sacré... Hier soir, dans ma chambre d'hôtel, j'ai machinalement appuyé sur le bouton de la télévision... On y parlait des prêtres dogons. Ces prêtres lisent l'avenir. Pour cela, ils dessinent dans le sable, plantent des petits morceaux de bois, déposent quelques caca-

huètes au milieu de leur dessin. Les traces laissées par le renard indiquent l'avenir. Je trouve cela superbe ! Et je vais tenter de vous parler des traces du « renard »...

Pour continuer avec quelques propos d'Arnaud Desjardins, un jour qu'il s'émerveillait de Mâ Ananda Mâyi. Swâmi Prâjñanpad, son maître, lui dit : « Vous n'avez jamais vu Mâ Ananda Mayi ! Vous ne connaissez que *votre* Mâ Ananda Mâyi. » On pourrait dire à chaque chrétien : « Tu n'as jamais connu Jésus-Christ ! Tu n'as connu que *ton* Jésus-Christ ! Tu connais celui qui est issu de tes projections, de tes peurs, de tes fantasmes, de tes infantilismes... »
Quelle différence y a-t-il entre le Christ authentique que je ne connais pas encore et que je connaîtrai un jour, et les balbutiements de mon approche ? Je peux dire qu'en Jésus habite la plénitude de la Divinité, mais que sais-je de Jésus-Christ ? Nai-je pas besoin d'emprunter les lunettes de mon ami hindou, de mon ami bouddhiste, de mon ami musulman, de mon ami juif pour élargir mon regard sur Jésus-Christ ? Pour rendre mon regard plus transparent, pour enlever mes œillères d'Occidental du XXe siècle ? Descartes, Kant et bien d'autres penseurs nous ont joué un mauvais tour en nous faisant croire que le mental nous permettait d'accéder à la connaissance ! La vérité n'est pas accessible par mode de connaissance mais par mode de *co-naissance*. Naître *avec*, faire un long chemin *avec*. « C'est celui qui fait la vérité, dit Jésus, qui vient à la Lumière ».
Je voudrais rendre grâce aux agnostiques. Les agnostiques ne sont pas athées. Ils divinisent l'homme. Ils croient en l'homme. S'ils ne reconnaissent pas Dieu, c'est que le mot « Dieu » a été trop souvent prostitué. L'athéisme est pour nous une invitation à réunir tout ce qui nous reste d'âme afin que le monde actuel ne crève pas de cette terrible conspiration contre, justement, l'âme. Je porte

plainte contre X, contre le système scolaire. Cinq cents heures de mathématiques par an pour quelques heures de poésie, ce n'est pas juste ! Merci à Nietzsche, Camus, Marx, Malraux et tant d'autres d'avoir réagi contre la prostitution du mot « Dieu ». On aurait pu espérer qu'ils creusent davantage leur analyse !

Je veux rendre grâce aux hindous. Mes amis hindous m'ont aidé à regarder le Christ autrement. Je pense au père Le Saux, bénédictin devenu swâmi Abishiktananda. Je l'ai rencontré dans son ashram quelques mois avant sa mort. Il disait : « Nul ne croit plus profondément que l'hindou à la divinité de Jésus, car nul comme lui a le sens du Divin. Les théologiens chrétiens affublent Jésus d'un ersatz de divinité, d'une notion, une idée de l'esprit qu'il n'est nul besoin d'avoir vécue au fond de soi pour la saisir. La divinité de Jésus n'est pas séparée de la divinité de chacun de nous. Elle en est le sommet, elle en est l'accomplissement total. » Je vous recommande à ce sujet la lecture du livre *Christ et Védanta* (éd. Albin Michel).
J'aime la parabole hindoue du chamois « porte-musc » : le chamois se sent attiré par l'odeur du musc. Il court à travers les forêts, les éboulis, les glaciers. Il veut trouver la source de ce parfum entêtant. Épuisé par sa quête, il s'effondre de fatigue. La poche qu'il a sous la gorge s'est crevée contre un silex. Tout le musc dont il était porteur s'écoule ! Chacun de nous porte en lui ce Dieu qu'il cherche ailleurs. « Dieu est plus près de toi que la veine de ton cou », dit le Coran. Quand j'écrivais cette phrase ce matin, j'ai fait un lapsus, j'ai écrit « la veine de ton cœur »... « Dieu est plus intime à moi-même que moi-même », disait saint Augustin.
Je rends grâce pour mes amis juifs. Depuis un demi siècle, je me nourris de la Bible quotidiennement. Les cent cinquante psaumes de toute beauté sont ma prière de

chaque jour. Le juif est un homme qui ne peut pas laisser Dieu dans l'oubli. Il crie devant Dieu, pleure devant Dieu, rit et danse devant Dieu, mais surtout il ne l'oublie pas !
Le Dieu qui s'est révélé à Moïse et aux prophètes est le même que Celui que j'adore et auquel j'ai donné ma vie. C'est Celui du Cantique des cantiques, l'Amoureux de chacun de nous. Ce Dieu qui nous dit : « Par un seul de tes cheveux tu fais chavirer mon cœur» ; « Comme ta voix est douce et charmant ton visage» ; « Tu as du prix à mes yeux et Moi Je t'aime ». Le rabbin Sitruk disait récemment dans un livre d'interviews : « Le monde est fondé sur l'amour, par l'amour. »
Le Dieu du judaïsme n'est pas Celui que nous croyons trop souvent. Il y a des quantités de contresens. Le lecteur qui ne connaît pas l'hébreu fera dix ou vingt contresens par page. J'ai attendu d'entrer au séminaire pour savoir que Yahvé Sabaoth ne voulait pas dire «Dieu des armées» dans le sens de « Dieu des hommes qui portent un sabre ou un fusil », mais le Dieu des multitudes. Je le traduis volontiers par « Dieu des étoiles » ou « Dieu des immensités ». Dieu ne crée pas dans l'uniformité. Il Se réjouit de toute différence parce qu'elle touche Son cœur. De même, le mot que l'on a traduit par « crainte » évoque le frémissement de l'amour, le chamboulement en présence d'un Dieu qui nous dépasse et que l'on vénère !

Je rends grâce devant mes frères musulmans. Je suis heureux de dire cela devant mes amis Khaled Bentounes et Faouzi Skali. C'est grâce aux musulmans si je suis entré en religion. À l'âge de vingt ans, je me trouvais en Afrique où mes plus grands amis étaient des musulmans. Ils n'hésitaient pas, à un certain moment, à dire : « Je te quitte, je vais prier. » Ils sortaient un petit tapis de prière et priaient devant moi. Je les sentais plus épanouis, fiers d'être les « lieu-tenants » de Dieu. À l'époque, je lisais *Citadelle* de

Saint-Exupéry. Je suis convaincu qu'il y a une grande convergence entre le Dieu dont parle Saint-Exupéry et le Dieu de l'islam. Tout au long de ce livre, un refrain revient : « [...] Et je connus l'ennui qui est d'être privé de Dieu». Je me disais «je ne veux pas connaître l'ennui. » La vie est trop courte pour s'habiller triste.
Je me souviens des propos d'un jeune musulman de la faculté des Sciences dont j'étais l'aumonier à l'époque : « Être musulman, c'est s'incliner devant Dieu seul, pas devant les idoles modernes, le pouvoir ou l'argent. Être musulman, c'est partager avec ceux qui sont dans le besoin. Le prophète Mohamed disait : "Il n'est pas de ma communauté celui qui dort après avoir mangé en sachant que son voisin a faim." Le bien des riches ne leur appartient pas, Dieu le leur a confié pour qu'ils en soient les gérants. Même si on fait tous les jours du bien aux autres, jamais nous n'arriverons à compenser ce que Dieu a fait pour nous, tout ce que Dieu nous a donné, cette merveille que nous sommes, la beauté de l'univers qu'il nous a confié. C'est par reconnaissance envers Dieu que nous voulons faire le bien, pas pour être récompensés. »
Ce ne sont pas des paroles tirées d'un livres mais des paroles enregistrées au magnétophone, des paroles prises sur le vif, dans le Campus universitaire !
Un jour, en Indonésie, je faisais de l'auto-stop avec un ami. Nous arrivons dans un village musulman : les hommes étaient à la mosquée, les femmes aux cuisines, les enfants lisaient et récitaient le Coran. Sur quelle planète nous trouvions-nous ? À la fin de la prière, le responsable nous dit : « Vous êtes les envoyés de Dieu, vous êtes chez vous. Je pense que vous avez faim, vous allez manger. Vous avez soif, vous allez boire. Où voulez-vous dormir ? Sur le parvis de la mosquée ? Chez moi ? À l'école ? » Dans quel autre pays reçoit-on ainsi quelqu'un ? Je n'en suis pas encore revenu.

C'est vrai, il y a l'intégrisme ; mais chaque religion a son intégrisme. Il ne faut pas juger le lion à ses puces ! Et puis un intégriste qui devient catholique cela fait un catholique de plus, mais cela ne fait pas toujours un intégriste de moins ! D'ailleurs, il est très interessant d'observer que Jésus est mort de l'intégrisme. C'est l'intégrisme qui l'a tué. Le Christ était sévère avec les intégristes. Il disait : « Vous filtrez les moustiques mais vous avalez le dromadaire. Vous êtes méticuleux sur ce qui est second et pour l'essentiel, profits et pertes. » Et le dromadaire a trois bosses : *tsadaka*, la justesse (ne demande pas à ton prochain ce qu'il ne peut pas te donner), *rahamime*, la tendresse (une attitude de mère, les entrailles de maman, pluriel de l'utérus maternel, un pluriel exprimant la plénitude), et *emet*, authenticité.
Pour moi, le Dieu des juifs et des musulmans est le même. Il a d'ailleurs le même nom : Allah, Elohim. Il est celui dont le Christ me parle sans cesse lorsqu'il dit : « Mon Père et moi nous ne faisons qu'un. » Lorsque j'écoute parler un musulman, je ne m'éloigne pas de Jésus-Christ. Au contraire, mon regard devient plus transparent. Je comprends mieux les paroles de Jésus qui est juif jusqu'au bout des ongles. Jésus s'exprime en juif, évoque des paraboles juives. Je me suis souvent trompé dans l'explication des paraboles car je n'étais pas accompagné par un juif qui aurait pu me donner le code des images. Par exemple : les jeunes filles qui n'avaient pas d'huile dans leur lampe et qui demandent à leurs amies de leur en donner. Celles-ci refusent et les portes du royaume se referment sur elles. Incroyable ! J'étais scandalisé : tout cela parce que les jeunes filles sans lampe s'étaient endormies. À la lecture de la conclusion, je m'inquiétais fortement à mon sujet. Je pensais mon cas irrémédiable ! Adieu le Paradis ! Mais il me manquait un code ! L'huile, c'est l'amour... On ne peut pas aimer par procuration. C'est

ton cœur à toi que Dieu veut. Tu ne peux pas dire : « J'ai un oncle rabbin.
J'aime le nom que Dieu donne à Moïse : « Eheié Asher, Eheié », « Je suis qui je serai ». Je suis qui je me révélerai au cours de notre alliance. On va vivre une histoire d'amour ensemble. J'imagine un fiancé qui demande à sa fiancée : « Qui es-tu ? » ; elle répond : « Tu verras... » C'est la meilleure réponse.

Je rends grâce aux bouddhistes. Hier, Roland Rech disait : « Mon être n'est fait que de rencontres, de partages. À aucun moment je peux vivre sans être relié. Nous participons au monde même au niveau de nos cellules. Nous sommes un héritage. Alors les limites s'ouvrent vers l'infini. Alors s'ouvre une activité éveillée. Le sacré n'est pas quelque chose qui brille au firmament. C'est le plus intime que nous partageons tous quand nous nous saluons. Nous saluons la nature divine en chacun. » Prenons comme exemple un homme qui a souffert des limites de la condition humaine. Il découvre un jour que rien ne lui manque : le fait qu'il existe lui suffit. Dans cette paix et ce silence, il découvre que rien ne lui a jamais manqué. Cet homme-là est bouddhiste sans le savoir. Le bouddhisme nous aide à découvrir que Dieu seul n'est pas provisoire. Et ce n'est pas parce que le bouddhisme n'utilise pas le mot « Dieu », de peur d'offenser sa transcendance, que nous ne pouvons pas nous joindre à lui dans une prière semblable.

En Octobre 1986, j'étais invité à un rassemblement des religions à Assise. Ce rassemblement avait lieu à l'initiative du pape (Jean-Paul II, mon patron !) Et je me disais que rien ne serait plus comme avant dans mon église. Jean-Paul II a été fortement critiqué pour cela. Monseigneur Lefèvre distribuait même des tracts sur lesquels on voyait Jean-Paul II arrivant au Paradis et disant : « Je suis le Pape œucuméniste. » Jésus, les bras croisés, s'écrie : « Il n'y a qu'une religion ici, allez voir ailleurs ! » Si la bêtise était remboursée par sécurité sociale, il y en aurait qui seraient riches...

Ce jour-là, j'ai vu un arc-en-ciel à l'horizon... J'ai interrogé tous les membres des autres confessions. J'ai été frappé par leur étroite étroite connivence avec saint François d'Assise. Le lieu du rendez-vous avait été bien choisi.

Je suis invité par des représentants musulmans, hindous, bouddhistes... C'est ma famille ! Il arrive que l'on m'en fasse la critique. Certains flairent là un penchant *New Age*. On met n'importe quoi sous ce terme, il suffit de se retrouver au clair de lune autour d'un feu pour être *New Age* ! Peut-être que Baden Powel (l'inventeur du scoutisme) était *New Age* !

Jésus m'a donné Lui-même l'exemple du dialogue interreligieux. Jésus a rendu hommage à un centurion qui était païen. Un jour devant une païenne de Syro Phenicie, Jésus a joué à l'intégriste. Il a dit : « Le pain doit être donné aux enfants et non aux petits chiens » (*Goïm* veut dire petits chiens). La femme lui a répondu : « Les petits chiens ramassent les miettes sous la table. » Jésus est alors émerveillé.

Jésus a fait ses plus profondes confidences à une femme légère, de surcroît hérétique ! Une samaritaine ! Jésus a pris des risques, ce jour-là. (Je suis très étonné qu'il soit mort si tard avec une telle audace !) À cette femme il dira : « L'heure vient où ce n'est ni sur le mont Garizim ni à Jérusalem qu'on adorera le Père, mais en esprit et en vérité. »

C'est ce que vous essayez tous de faire, je pense : Chercher Dieu dans l'esprit et la vérité. Dieu n'est pas ici ou là. Il est dans le cœur de chacun. Cette phrase de Jésus à la femme de Samarie est une clé pour comprendre le dialogue interreligieux : En esprit et en vérité. Alors à nous de rechercher ce qu'est la vie de l'esprit et d'entendre ce

que les chercheurs de Dieu, dans toutes les religions, ont à nous dire. La vérité ne se possède pas. Elle peut nous posséder si nous nous laissons saisir par elle.
Le chemin du dialogue interreligieux devient, me semble-t-il, un passage obligé. Les peuples sont, actuellement, mis au défi de vivre sur un espace planétaire plus restreint. Dans un espace réduit, comme par exemple un bateau, les conflits sont plus forts. Je dirais volontiers : « Je bénis ce monde où nous sommes contraints de nous aimer » (paraphrase d'Albert Camus qui écrivait : « Je maudis ce monde où nous sommes acculés à Dieu. » Quelle idée pouvait-il avoir de Dieu pour dire une chose pareille ?).
Toute ma vie je me suis trouvé confronté à la violence, celle dont Jacques Salomé nous parlait hier : celle des mals aimés, ceux qui se détestent, ceux dont la violence est retournée contre eux mêmes. Cette violence est un cri : « Aime-moi ou je meurs. » La violence peut aussi se retourner vers l'extérieur ; cette violence qui brûle des voitures et tue des professeurs peut vouloir dire : « Aimez-moi ou je mords ! »
Les religions ont servi au cours des siècles de prétexte à des massacres et à des guerres. Ainsi, elles se sont disqualifiées. La religion la plus répandue dans la modernité, c'est une certaine nostalgie. Le désir que l'homme soit autre chose qu'un petit tas de boue organisée, doué de psychisme, une vaine prouesse de la matière, venue d'on ne sait pas où et allant vers rien ! On ne peut pas bien vivre si l'on pense que l'on vient du néant et qu'on y retourne !
Le sens sacré de la vie ! Quel beau titre donné à ce congrès ! On ne peut pas bien vivre si notre vie n'est pas sacrée ! Je crois que la vie la plus profane en apparence est extraordinairement sacrée !

Je me revois athée, infirmier dans un petit village du Sahel au Mali. Une jeune fille de quinze ans est en train de mourir. Le médecin athée supplie le missionnaire de la baptiser. Le missionnaire supplie le médecin de lui faire une piqûre d'adrénaline qui pourrait relancer le cœur. Ils se sont presque disputés. Elle est morte sous nos yeux. Elle a été transportée vers une fosse du cimetière. Les cris de la mère, la pluie qui tombait, le bruissement du vent dans les feuilles étaient un décor digne de l'événement. J'ai eu alors le sentiment aigu du sacré. Cette jeune fille dans ses quinze printemps n'allait pas vers Rien.

Les athées s'interrogent : sur quoi fonder l'homme ? Jean Rostand écrivait en substance : « À ma recherche du sens de la vie, on ne me proposait que les contes de fées de la religion ou le néant. » Nous sommes à un tournant. Il est déjà amorcé... Chaque croyant de chaque confession est en train de ressentir le besoin de se tourner vers ceux qui croient autrement. Nous cherchons une convergence, un dialogue, une écoute. L'autre n'est peut-être pas le salaud ou l'imbécile que j'imagine ! À la question qu'on lui pose : « Qui est Dieu ? », le recteur de la mosquée de Paris répond : « Dieu est d'abord Celui qui m'a créé par amour. » Si Dieu nous a tous créés par amour, comment pourrions-nous faire pour Le rejoindre sans apprendre à nous aimer ? Ce n'est pas possible. Revenons à nos sources.

Je pense aux propos de mes amis juifs : André Chouraqui, Claude Vigée, Colette Keler... Ils répètent que le Dieu d'Israël est un Dieu qui invite l'homme à accueillir l'étranger. « Parce que vous avez vous-mêmes été étrangers en Égypte, lorsque tu ramasses ton blé, laisse du blé pour l'étranger, lorsque tu récoltes ta vigne, laisse des raisins pour l'étranger », dit un verset du Lévitique. Ce verset a été proposé à l'humanité huit-cens ans avant Jésus-Christ ! L'humanité n'en est pas encore là ! Lorsque Dieu nous prie, nous sommes sourds. Je pense aussi à ce beau texte d'un prophète : « Ni par force ni par violence, mais par mon Esprit. »

Je pense aux propos de mes amis musulmans, le docteur Felouze, Hachemi Bacouche, Faouzi Skali, Khaled Bentounes... Ces êtres nous montrent que le Coran ne contient pas d'incitation à la haine, comme trop de gens l'imaginent. Ils nous apportent un code de lecture. J'ai été stupéfait d'entendre un jour le fils du recteur de la mosquée de Paris dire : « Que signifie le tchador ? » À l'époque de Mohamed, le port du tchador signifiait : « Je veux que la femme soit protégée, respectée. La femme n'est pas un objet. Aujourd'hui qu'est-ce qui fait que l'on respecte une femme ? Sa culture ! L'école correspond au tchador. »

Dans les ashrams où j'ai séjourné, par exemple le Shivananda ashram à Bénarès, on ne m'a pas demandé de laisser Jésus-Christ à l'entrée. Au contraire. Le maître spirituel avait écrit un livre sur Jésus. À Noël, Jésus était fêté pendant une semaine.

Au cours des retraites que j'ai suivies au Japon avec Taïsen Deshimaru, qu'ai-je appris ? Non pas à me détourner de Jésus ! On m'a permis de comprendre des paroles du Christ que j'avais mal assimilées jusque-là : « Celui qui veut bâtir une tour doit commencer par faire zazen. » C'est dans l'Évangile ! Zazen veut dire « s'asseoir ». Il faut méditer avant d'agir. Tu fais beaucoup de choses mais qui les fait ? Tu parles beaucoup mais qui parle ? Le projecteur est mis sur l'intériorité alors que l'Occident nous conduit au stress. Un médecin de l'organisation Médecins sans frontières revenait recemment du Rwanda pour dépression grave. Quand il s'en est sorti, il se confiait à moi : « Je ne pouvais pas dormir. Je savais qu'en un quart d'heure je sauvais une vie ! » Que fallait-il faire ? Embaucher d'autres médecins bien sûr ! Des quantités de jeunes gens voudraient bien être médecins. On leur dit qu'il n'y a pas de place ! Surmenage des uns, chômage des autres. Quel monde !

Dans le *Journal d'un curé de campagne* de Bernanos, un curé dit à son jeune confrère : « Tu souffres trop pour ce que tu pries. » On pourrait peut-être nous dire : « Tu vois trop de gens pour ce que tu pries, tu écris trop de courrier pour ce que tu pries. Si tu pries insuffisamment, que peux-tu donner aux autres ? »
« En chaque religion, disait le poète indien Tagore, il y a le feu et la cendre ». Cessons de comparer notre feu avec la cendre d'une autre religion, le feu chrétien avec la cendre des hindous ou bien le feu hindou avec la cendre du christianisme par exemple... ! C'est trop facile !
Apprenons à nous rejoindre dans nos profondeurs : si vous creusez un puits, et si vous ne trouvez rien, ne creusez pas à côté, puis encore à côté, et encore plus loin. Vous risqueriez de toujours rater la nappe phréatique. Creusez plus profond !.. Mais ne refusez pas l'eau de votre voisin qui a pu rejoindre un peu plus loin la même nappe. La quête spirituelle demande de la persévérance. Ce chemin est laborieux.

J'aime les propos que me tenait Yvan Amar en 1972 : « Les mystiques parlent tous la même langue parce qu'ils viennent tous du même pays. » Il avait emprunté ces propos à Angelus Silesius ou à maître Eckhart.
Ne jugeons pas le lion à ses puces : parmi les puces, il y a l'intégrisme. L'islam est étranger aux massacres actuels même s'ils sont signés « groupe islamique », même s'ils sont signés « au nom du Dieu clément et miséricordieux ». Pourquoi mettre cela sur le dos de l'islam ? Cela revient à voir la religion chrétienne derrière l'Inquisition ou les Croisades !...
J'ai donné ma peau et ma vie à Jésus-Christ et je ne le regrette pas. Lorsque je vais dans les réunions d'autres religions, ce n'est pas comme un homme mal marié qui irait dans un club de célibataires !

J'ai découvert que Dieu n'était pas le « vertébré gazeux » de Nietzsche, mais qu'il prenait le visage de tout homme, en commençant pas celui qui souffre. Dieu n'était pas le défenseur du grand capital dont me parlait Marx, mais Celui qui me jugerait sur ma solidarité efficace avec les autres. Dieu n'était pas le censeur du plaisir dont me parlait Freud, mais Celui qui t'invite au bonheur à condition que ton bonheur n'endommage pas celui du voisin. Dieu n'était pas le voleur des énergies humaines dont parlait Rimbaud, mais celui qui nous dit : « Existe intensément ! Ma joie c'est ton bonheur. Sois un grand vivant et tu me feras honneur. » Dieu n'est pas Celui qui invite à se résigner devant les malheurs de la Terre, comme disait Albert Camus, mais Celui qui nous dit : « Il n'y a pas d'autres mains que les tiennes pour venir en aide à tes frères, il n'y a pas d'autre voix que la tienne pour en appeler à la justice et guérir ce monde. »
Oui, j'aime partager ma foi en Jésus-Christ, qui est encore un grand inconnu pour la plupart de mes contemporains. Jean-Baptiste disait : « Au milieu de vous il y a Quelqu'un que vous ne connaissez pas. »

Je suis très heureuse d'entendre un représentant de la religion catholique s'exprimer avec ce sens du cœur et de la profondeur. Si beaucoup de personnes ont fui l'Église catholique, c'est peut-être parce que des prêtres n'ont pas toujours su avoir une vraie écoute. Mes racines sont juives, mais je me sens liée à toutes les autres religions. Plus je découvre la foi, plus j'agrandis mes recherches sur les autres religions. J'ai rencontré un jour une religieuse née de père juif, de mère protestante. Elle était Carmélite en Israël. C'est merveilleux et c'est ainsi que je vois la religion. Je vous remercie d'avoir témoigné avec beaucoup d'humour... Oui, la religion ce n'est pas grave, c'est la joie.

Merci.

Merci pour cette leçon de foi. C'est à l'éducateur que je m'adresse. Je rends grâce au fait que tu as travaillé avec des jeunes délinquants... par amour. Dans mon travail, j'éprouve de la difficulté à écouter des enfants entre six et quinze ans, je cherche ce que je pourrais améliorer en moi pour y arriver. Merci pour le questionnement que tu occasionnes.

Encore merci.

Je suis diacre du diocèse d'Évreux. Je constate que depuis deux mille ans l'Église est en crise. Un éternel combat se déroule entre ceux qui s'attachent – non pas à la tradition, mais au conservatisme – et ceux qui s'ouvrent à la modernité. Je connais une femme, parmi mes amis, qui a quitté la pratique religieuse écœurée. Je crains que mon Église, par peur, ne verrouille les portes, qu'elle ne se renferme sur elle-même. Et je crains que l'esprit de Vatican II ne s'évade trop rapidement de notre Église.

Je dis souvent que si un curé vous a déçu, ne quittez pas l'Église pour autant ! C'est comme si un fiancé quittait sa fiancée parce que la concierge lui a fait la tête... Notre vocation est peut-être de décevoir... Comme Jean-

Baptiste qui disait : « Ce n'est pas moi, c'est Lui. » C'est un Autre que vous recherchez. Qu'il grandisse et que je m'efface. Nous, hommes d'Église, sommes décevants. Si nous avons trop d'admiration pour un homme d'Église, c'est dangeureux. Cest grace à Philippe Maillard que j'ai découvert Jésus-Christ, mais heureusement que je suis vite passé de Philippe à Jésus-Christ !

Avez-vous entendu parlé de la Foi Ba'haï ? C'est une religion qui accepte toutes les religions. Les temples ont des portes qui correspondent chacune à une religion acceptée au sein de la foi Ba'haï...

Dernièrement, j'ai rencontré deux personnalités de la religion Ba'haï au Carmel de Mazille au cours d'un rassemblement interreligieux. Cet homme et cette femme étaient passionnants lorqu'ils parlaient de Dieu. Maintenant, si vous voulez un annuaire des religions, Jean Vernette en a écrit un. Vous serez stupéfait du nombre de religions qui s'offrent à vous. En France, nous avons la possibilité de dialoguer avec des gens d'au moins sept-cents religions différentes.

La dimension sacrée de la communication

Faouzi Skali

Issu d'une famille de Fez au Maroc, de tradidion islamique, Faouzi Skali est professeur des sciences de l'éducation à l'École normale supérieure de Fez. Organisateur du Festival de musiques sacrées de cette même ville, qui réunit depuis quatre ans des artistes, des musiciens de traditions musicales, culturelles et religieuses d'horizons différents, Faouzi Skali est également docteur d'État en anthropologie. Il participe à de nombreux congrès, conférences, séminaires internationaux. Ses principaux ouvrages sont : La Voie soufie, Traces de Lumières, Jésus dans la tradition soufie *(éd. Albin Michel).*

Je pense à une histoire de Nasrûdin intitulée : « Ceux qui savent disent à ceux qui ne savent pas. » Nasrudin était connu pour être un homme de grande science et de grand savoir. Dans la réalité des faits, il n'en était rien. Mais il laissa courir ce bruit. Cette image l'avantageait. Un jour, il fut reçu dans un village. Sa réputation étant alors très importante, les villageois l'accueillirent comme un très grand héros du savoir. On lui demanda de monter, bien magré lui, sur la chaire de prêche pour faire un sermon. Il se tourna vers la foule, et leur demanda : « Savez-vous ce que je vais vous dire ?» La foule, bien sûr, lui répondit : « Non ! » Alors, en colère, il descendit de sa chaire en s'écriant : « Je ne vais quand même pas parler à un peuple ignare ! » Finalement, bien que très étonnés, les villageois le rattrapèrent et le remirent en chaire. Nasrûdin leur posa alors la même question : « Savez-vous ce que je vais vous dire ?» Là, l'auditoire, prudent, lui répondit unanimement : « Oui ! » Alors Nasrûdin descendit de sa chaire en haussant les épaules : « Si vous le savez, ce n'est pas la peine que je vous le dise ! » Mais il n'avait pas pour autant réussi à échapper à son destin, car les villageois, trop heureux d'avoir avec eux un si illustre savant, le remontèrent en chaire. Et, pour la troisième fois, Nasrûdin reprit : « Savez-vous ce que je vais vous dire ? » Là, le peuple, méfiant, s'était organisé auparavant : une partie répondit « oui » et l'autre partie répondit « non ». Et Nasrûdin leur dit : « Que ceux qui savent disent à ceux qui ne savent pas » *(rires)*.

En ce qui me concerne, j'aurais bien aimé me trouver dans cette situation. Nous sommes à la fin de la journée de Ramadan (de jeûne), et des situations aussi simple que celles du jeûne, manger, boire, dormir, ou ne pas manger, ne pas boire, ne pas dormir, nous révèlent à quel point nos sagesses peuvent être très rapidement mises en difficulté. Les discours peuvent s'évaporer avec les vapeurs de la somnolence. En définitive, la sagesse ne réside pas dans le savoir et la parole. La sagesse réside dans la vérité de l'état. La vérité de l'état dans lequel on se trouve. Et cette vérité est ce qu'elle est. Mon ami Arnaud Desjardins l'a magistralement expliqué : nous sommes ce que nous sommes dans la réalité du moment. Et cela est une sagesse. Ce n'est pas la sagesse dans le sens le plus total et le plus global du terme, mais c'est la vérité de l'état et la vérité du moment. La vérité de la conscience de nos imperfections, de nos limites, de nos conditionnements, de notre petitesse, de notre mesquinerie, de nos faiblesses, est une forme de perfectionnement, et je dirais même « une forme de perfection ». La perfection, et non l'idéal de perfection, est dans cette réalité de l'état que nous tentons, par notre recherche intérieure, de transformer.

Lao-tseu disait : « Ce qui est droit est brisé et ce qui est brisé est droit. » Il y a une rectitude dans cette imperfection. Ce chemin de la vérité de l'état du moment – un proverbe soufi dit : « Le soufi est le fils de l'instant » – nous permet de frayer quelques ouvertures vers le divin qui nous habite. Vers cet infini qui nous habite. Vers celui qui a dit : « Je suis auprès de celui qui a le cœur brisé. » Vers celui pour qui on se dépouille de toutes nos fausses images, nos fausses projections, nos fausses prétentions, pour essayer de retrouver ce sens spirituel de la pauvreté.

« Bienheureux les pauvres en esprit », disait Jésus. Cette relation intérieure que l'on noue dès lors que nous sommes un tant soit peu dans cette vérité du moment, nous permet d'entrer en contact avec cette dimension de la profondeur.

Cette relation-là, pour le soufi, s'appelle un « secret ». Un secret parce qu'il n'est pas possible de le dire. On ne peut que le goûter. On ne peut qu'en avoir la saveur. On est dans ce rapport juste avec la Divinité, c'est-à-dire avec nous-mêmes, dans notre profondeur. Sinon on se sent au contraire séparé. La conscience du voile, de la séparation, est aussi une vérité du moment, de l'état. Et elle peut devenir aussi un secret qui nous lie à la Divinité. « Peut-être, a dit un sage soufi, qu'en te donnant Il te prive et qu'en te privant Il te donne ».

Il y a dès lors un langage subtil qui s'établit entre nous et nous-mêmes, entre nous et cette source secrète qui est en nous. C'est la première forme (avec quelque imprudence, j'ai soumis comme titre de ma conférence « La dimension sacrée de la communication) de la communication.

Il n'y a de réalité de communication que lorsque nous sommes nous-mêmes reliés à nous-mêmes, lorsque nous sommes reliés à ce secret. Lorsque l'on parle à partir de cette réalité, de cette vérité, de cette sensation, elle vient nous surprendre avec des saveurs et des colorations diverses. Les saveurs de Dieu sont infinies. Ces saveurs peuvent nous dilater le cœur, nous donner de la joie. Elles peuvent aussi nous contracter le cœur, nous rendre tristes, mais cette tristesse est une tristesse de vérité, un état à savourer pour sa réalité. C'est le chagrin d'amour des mystiques. Le chagrin de la séparation. Et ce chagrin d'amour est aussi fort que la joie des retrouvailles parce qu'il est vrai. Ce qui me met en relation avec la Divinité me met en relation avec ce qui est vrai. Avec la vérité de la dimension et l'authenticité de l'état. Dans cette mise en communication, les mots, les descriptions, les explications se font de plus en plus impuissants. On ne trouve pas de mots pour le dire. Dès lors, cette communication devient une relation de mystère.

Finalement, la plus grande réalité de notre connaissance réside dans notre impuissance à connaître. C'est cela, le gardien du secret. Le secret est gardé dans un mystère. Il est sauvegardé en tant que secret. Il ne s'agit pas de s'approprier le mystère mais se laisser posséder par lui. La vérité de la relation, la saveur de la relation et la vérité de l'état parlent pour elles-mêmes. Mais il y a aussi la perplexité. L'émerveillement. Cette relation à deux, cette relation à nous-mêmes dans la profondeur nous rend capables d'étonnement. Nous portons tous en nous, potentiellement cette capacité d'étonnement. Nous avons tous vécu cette relation si précieuse à un moment de notre vie. Dans notre enfance. Cette capacité à s'étonner. Péguy implorait : « Ô Dieu, ne faites pas de moi un être habitué ! » Il n'y a rien de pire que le désabusement. L'habitude, c'est l'évaporation en nous de ce secret, la mort en nous de cette dimension mystérieuse de l'être, la saveur cachée, l'esprit caché, le suc de la vie.

Cette dimension se révèle à l'extérieur, dans nos relations avec les êtres et les choses. Avec tout ce qui nous entoure. Tout ce que nous rencontrons, ce que nous croisons, se révèle comme étant autre que nous-mêmes dans cette dimension du secret et du mystère. Communiquer avec un autre être, c'est respecter en lui cette dimension du mystère. C'est ne jamais penser l'avoir connu jusqu'à le presser comme un citron, jusqu'à ce qu'il n'en reste rien. De la sorte, nous ne pouvons le connaître, nous ne faisons que nous l'approprier, le ramener à soi. Ce n'est plus une communication. C'est une appropriation. Une dépossession. Or, notre propre relation à la profondeur de l'être nous révèle que tout être n'est que la partie visible de ce secret.

En réalité, toute véritable communication est une communication qui se fait de secret à secret, de mystère à mystère, de cœur à cœur. Les mystiques disent « de ton âme à mon âme ». Parce que dans cette relation-là, rien ne peut être prévu. Rien ne peut être programmé. Nous pouvons programmer des choses extérieures mais nous ne pouvons pas programmer ce qui relève de cette alchimie de communication d'état à état. Tout est possible : ce que l'on connaît et ce que l'on ne connaît pas. Tout reste ouvert. Toute relation devient unique. Tout événement devient unique et porte la trace de ce secret qui s'est manisfesté en lui.

Je pense à cette histoire : une femme arrive vers un sage pour se plaindre de sa stérilité. Elle veut absolument avoir un enfant. Et pendant qu'elle raconte son histoire au sage, elle a un geste du cœur : elle prend son manteau et entoure les épaules du sage. Quelques temps plus tard elle conçoit un enfant. Elle raconte son expérience miraculeuse à une amie qui vivait la même situation. Subjuguée, celle-ci rendit visite au sage. Elle prit bien soin de se munir d'un manteau. Et dès qu'elle arriva près de lui elle l'entoura de ce manteau. Le sage lui demanda : « Mais pourquoi faites-vous cela ? » La femme lui répond : « Je voudrais avoir un enfant. » Et le sage dit : « Vous savez, je ne peux pas faire pour vous ce même miracle, car vous connaissez déjà l'histoire. »

Oui... Il va falloir qu'un autre élan vienne du cœur pour que le miracle devienne possible. Un élan qui peut rompre la loi des habitudes et nous ouvrir vers d'autres possibles. Vers d'autres réalités de communications, d'autres qualités d'échanges.
Dans cette perception du monde, des êtres, de l'univers – en tant que jaillissement permanent du mystère divin – il s'établit une autre relation. À partir de cette perception et pour entrer en relation avec l'autre, il nous faut reconnaître l'être de l'autre. Il faut le laisser être. Reconnaître l'être dans sa plénitude. La plénitude de sa réalité. Et tout d'abord au fond de soi-même : être et laisser être. Toute véritable relation ne peut se baser que sur ces premières vérités. La vérité de l'être. Sinon, nous basons notre relation sur ce que nous voulons qui soit ou ne soit pas, sur le fait d'arranger les choses comme nous les souhaitons, consciemment ou inconsciemment, sur le fait de ne pas aimer l'autre comme il est mais comme je veux qu'il soit et finalement de n'aimer que moi-même.
Être et laisser être me fait penser à la philosophie extrême-orientale du *non-agir*. Très souvent considérée, dans les études universitaires, comme une forme de passivité, elle est en fait une philosophie de l'être. Il s'agit non pas de passivité mais de non-agir. Le non-agir consiste à ne pas limiter notre action à notre agitation : faire, penser

faire ou avoir l'illusion de faire naître ce qui n'est pas. Le non-agir, c'est calmer notre agitation, et laisser l'être nous donner ce qu'il a décidé de nous donner, au moment où il a décidé de nous le donner, et de la façon dont il a décidé de nous le donner.
Cette relation nous permet d'entrer en connivence profonde, réelle avec les autres ; elle permet que l'on change ensemble, qu'on se laisse emporter ensemble, comme des vagues dans l'océan de l'être. Dans une philosophie spirituelle – dans une science d'amour de la sagesse, terme plus fort que l'on retrouve dans le soufisme – dans cette voie chevaleresque spirituelle appelée la *Futuwwa.*

On a demandé à quelqu'un : « Quelle est pour vous l'attitude qui exprimerait le plus haut comportement spirituel ? » Alors que beaucoup de maîtres s'étaient auparavant lancés dans des élaborations complexes, et pourtant toutes plus subtiles les unes que les autres, celui-là, tout simplement, dit : « Pour moi, le plus haut comportement de l'homme, c'est d'essayer d'être droit sans obliger les autres à en faire autant. » Voilà une chose de simple et à la fois difficile à réaliser. Et pourtant, c'est l'expression la plus extraordinaire, dès lors qu'on est capable de laisser être en nous reliant à notre propre être.
On retrouve cette injonction à ne pas juger dans tous les textes sacrés, dans les Évangiles, dans les traditions du Prophète de l'islam, dans le Coran. Pour moi, ne pas juger dépasse un ordre purement moral. Ne pas juger n'exclut pas toute capacité de lucidité ou de discrimination. Au contraire, c'est un degré plus haut de lucidité, de discrimination. Un degré plus haut de perspicacité qui nous fait voir l'être en tant que lui-même et non pas à travers nos illusions et nos projections. Cela nous ramène à deux hautes formes de spiritualité qui sont l'amour et la compassion. Un amour non égoïste. Pas un amour de soi-

même déguisé en amour de l'autre, mais un amour qui est un véritable don au mystère de l'autre. La pleine acceptation du mystère de l'autre. C'est pour cela que dans de nombreuses traditions spirituelles de l'amour mystique de l'être aimé – comme la Béatrice de Dante ou les dames de la tour des troubadours – on retrouve, à travers des épopées d'amour (comme Qaïs et Laïla dans le soufisme et la tradition arabe), la présence du poète devenu fou d'amour, qui a perdu sa raison par amour, ce que les mystiques ont décrit comme la situation même de celui qui a été embrasé par l'amour divin, brûlé, consumé. « J'étais vert, dit Rûmi, j'ai ensuite été cuit et maintenant je suis consumé » ; consumé par l'amour divin.
Ce qui est intéressant dans toutes ces histoires, c'est que l'aimée est inaccessible. L'inaccessible étoile, ce qui ne signifie pas qu'elle n'est pas réelle. Elle est inaccessible même si elle est notre compagne. Inaccessible parce que son mystère reste entier. Sa dimension de mystère est cette nuit de l'occultation divine dont parlent les mystiques. C'est-à-dire cette situation où l'essence divine est cachée. L'état de trésor caché.
Dans une tradition du Prophète, Dieu s'exprime en ces termes : « J'étais un trésor caché, J'ai aimé être connu. J'ai alors créé le monde afin que je sois connu. » Nous portons tous en nous ce trésor caché. Ce trésor est la dimension de notre mystère. Ce trésor est la dimension d'une mystérieuse présence en nous, avant même que nous soyons manifesté. C'est la racine de notre être, la racine de notre âme. C'est vers cette racine-là que nous devons nous tourner pour puiser notre sève de vie. Puiser notre perplexité et notre étonnement. Puiser notre sentiment d'amour qui fait voler en éclat toutes nos illusions, tous nos voiles, tous nos questionnements. Qui brûle tout.
« Dieu, dit Rûmi, lorsqu'Il entre dans le cœur, brûle tout, Lui seul reste ». Mais *Lui seul*, qu'est-ce-que c'est ? C'est

ce mystère, ce trésor caché qui nous redonne le sens de l'être, le sens de la relation à l'être. C'est pour cette raison qu'il faut peut-être prendre garde à ne pas confondre la véritable communication avec la communication dont on parle beaucoup à notre époque et qui n'en est que l'écorce extérieure. Ne pas confondre le nom avec ce qui est nommé. Ne pas confondre l'être et ce qui n'en est qu'un reflet.

Avant que nous inventions tous les moyens de communications modernes, les traditions de sagesse avaient, dans leur contexte propre, perçu le piège et l'illusion qui pouvait en naître. Ces traditions ont rapporté cette perception de la réalité à travers des histoires afin de nous la rendre un peu plus tangible. Je pense à l'histoire soufie suivante. Une personne est sur un terrain en face d'une maison de trois ou quatre étages. Une autre personne se tient au dernier étage. La personne qui se trouve en bas dit à celle du haut : « Descends, descends ! – C'est bien à moi que vous demandez de descendre ? – Oui, oui, descend ! » Elle descend et quand elle rejoint la personne sur le terrain, cette dernière lui demande : « Est-ce que tu n'aurais pas une petite pièce pour moi ? – Attendez un moment », répond l'autre. Elle remonte jusqu'en haut, et de la fenêtre elle lui crie : « Monte, monte ! » Et lorsque la personne qui se trouvait en bas arrive au dernier étage : « Excusez-moi, mais je n'ai pas le sou. »
Pour moi, cette histoire est à l'image de ce qui s'exprime à travers nos moyens de communication actuels. Le plus important n'est pas la sophistication des moyens mais ce qui se communique réellement. Que communiquons-nous ? Même si les moyens se multiplient et se ramifient, comme les réseaux d'internet, nous voyons une déficience réelle de communication. Nous parlons du sens sacré de la vie, et je pense qu'il est utile d'avoir cette

conscience. Dans un dessin humoristique, on voyait un homme qui disait à sa femme : « Tu sais, avec internet je peux te donner les réponses à toutes les questions que tu te poses. » Elle lui dit : « Formidable, donne-moi quelque chose sur Montaigne. – Oui, très bien. Ça s'écrit comment ? » Nous sommes un peu dans cette dérision de communication.

Je pense à une autre histoire de Nasrûdin. Nasrûdin a perdu son âne. Il court dans le marché en s'écriant : « Grâce à Dieu, grâce à Dieu ! » Un villageois étonné, sachant qu'il avait perdu son âne lui demande : « Nasrudin ! D'accord, tu es un homme de Dieu, tu rends grâce dans toutes les situations, mais tu en fait un peu trop !

– Mais si ! Grâce à Dieu, grâce à Dieu !

– Mais pourquoi grâce à Dieu ?

– Parce que si j'étais resté sur mon âne, je me serais perdu aussi. »

Pour en revenir à mon sujet, nous sommes dans la même situation avec nos systèmes de communications qui deviennent très souvent des systèmes d'« incommunication ». Tentons de ne pas confondre les moyens avec la finalité, l'écorce avec le noyau, l'illusion avec la réalité, l'esprit avec ce qui n'en est que le canal. Dans cette culture où nous avons l'impression de communiquer tout le temps et par tous les moyens, nous devons aujourd'hui à plus forte raison retrouver le vrai sens de la communication, enjeu fondamental de l'époque à laquelle nous vivons. Là aussi, comme dans les relations d'être à être, il faut aller au-delà des apparences. Méfions-nous de ne pas tout ramener à ce que nous connaissons. Ne réduisons pas tout pour nous donner l'illusion d'exister.

N'ayons-pas peur de *laisser être*, car c'est ainsi que nous allons *connaître* (« connêtre »). Au-delà de *naître avec*, nous devons *être avec*. C'est pour cette raison que le soufisme, comme toutes les grandes traditions, propose un langage symbolique ou allusif. Par respect à l'implicite, au secret, au mystère.

Un soufi a dit : « Celui que tu vois répondre à toute question, mentionner tout ce qu'il comtemple, dire tout ce qu'il sait, celui-là, conclues-en à son ignorance. » Il faut redécouvrir la dimension du secret, de l'implicite de l'expérience intérieure. Nous sommes dans un monde qui veut tout mettre en lumière.

Et là, je pense à une autre histoire de Nasrûdin qui cherchait une clé sous un lampadaire. Un passant s'étonne : « Tu cherches une clé sous un lampadaire, mais cette clé, tu ne l'as pas perdue ici, tu l'as perdue là-bas !

– Oui, répond Nasrûdin, mais là-bas, il n'y a pas de lumière ! »

La clé de la communication n'est pas dans l'explicite. À tout vouloir mettre sous la lumière, tout étaler, nous finissons par tout désacraliser. Il ne s'agit pas d'être contre une chose ou pour une autre, mais de ramener les choses à leur juste rapport et surtout à la relation avec cette intériorité. Il ne faut surtout pas confondre le doigt et la lune, il faut comprendre l'allusion, le symbole, et aller plus loin.

Pour conclure, je voudrais raconter une histoire qui se passe entre un maître et un disciple. Comme dans l'histoire de Nasrûdin que je vous ai raconté au début, un maître évite de dire les choses par lui-même. Ce qui est important, c'est que ce soit une partie de nous qui parle à l'autre partie de nous-mêmes. Que notre mystère (cela me rappelle un très beau titre : *Ce que la nuit disait au jour*) nous dise ce que la nuit raconte au jour.

Un jour, un disciple se sentant dans la perplexité (heureusement, car sinon il serait dans le sommeil !) s'adresse à son maître : « Maître, il est dit dans le Coran que Dieu est l'extérieur et l'intérieur, le premier et le dernier. Qu'il soit le premier, cela je l'ai compris ; qu'il soit le dernier, je l'ai compris ; qu'il soit l'intérieur, cela aussi je l'ai compris ; mais qu'il soit l'extérieur, là je ne comprends pas. » Le maître lui répond : « Mon fils, s'il y avait un autre extérieur que celui-ci, je te l'aurais indiqué. » Entendant cela, le disciple dit : « Là, j'ai compris ». Le maître n'a rien dit de plus. Leurs mystères ont pu, dans un moment de connivence providentielle, communiquer.

Pourriez-vous expliquer la dernière histoire, je ne l'ai pas bien comprise...

Moi non plus... c'est un moment d'illumination, ou quelque chose qu'on a entendu mille fois et qui prend soudain un sens. Le disciple a compris, non pas parce qu'il a l'explication, mais simplement parce qu'il y a une communication de cœur à cœur. C'est comme un effet miroir. C'est ce qui est arrivé dans cette histoire : le maître se garde bien de faire retomber le degré de fièvre de perplexité du disciple ; au contraire, il le renvoie à sa propre perplexité. C'est à travers la perplexité que peut s'opérer le lâcher-prise ou le *laisser-être*.

Il n'y a pas de règle, il n'y a que la vérité de l'état. On peut aussi faire de la perplexité un système. Là, il y a une connivence d'âme à âme, de réalité à réalité, de vérité d'état à vérité d'état. L'illumination est imprévisible car on ne sait jamais quand cette connivence va se produire. On ne peut que s'exposer à elle. En général, elle se produit quand on l'attend le moins parce que c'est à ce moment-là qu'on est obligé de lâcher prise et de laisser être.

Je suis très heureuse d'avoir entendu votre témoignage. De quelle manière est-il possible de suivre l'enseignement soufi en France ?

Il y a des confréries. Le cheikh Bentounes en est l'un des représentants. Je transmets moi-même, au nom de mon maître, une voie Kadiriya, représentée par différentes communautés en France. Aujourd'hui, la géographie physique a peu de sens, nous sommes dans un monde où, par exemple, le bouddhisme tibétain est peut être plus européen ou américain que tibétain. Il en est de même pour la tradition soufie et d'autres traditions. En France, certaines communautés pratiquent le soufisme avec des invocations, des chants, des danses extatiques, et un enseignement comprenant tout ce qui fait la coloration particulière du soufisme.

Quelle est la différence entre démocratie et secret ?

Nous avons vite tendance à nous gaver de secrets et de codes, mais ce n'est souvent qu'une manière de mimer ce qui n'est pas réellement de l'ordre du vécu, d'une expérience personnelle, de ce qui est goûté. En réalité, dans le soufisme, on ne parle pas du secret comme on en parle de façon habituelle, c'est-à-dire comme quelque chose que l'on cache volontairement. Le secret est le mot pour dire ce qui est ineffable. La partie de l'ineffable en nous, ce qui ne peut pas se dire avec des mots... Les mots habituels sont impuissants pour exprimer cet ineffable – c'est d'ailleurs pour cela que des rencontres intertraditions sont possibles. En réalité, il se dit plus de choses dans l'implicite, dans l'allusion, qu'il ne s'en dit dans l'explicite. Le secret n'est pas la chose que l'on cache, mais la clé de Nasrûdin dans l'obscurité. Dans l'ineffable de l'être.
C'est cela qui fait la grandeur de l'être. Ce secret nous nourrit. Heureusement ! Si nous pouvions tout dire par des mots, nous serions dans un monde trop connu qui perdrait tout intérêt à nos yeux. Le secret ainsi défini, fonde la dignité et la liberté de chaque être.

Robert Faure : *Avant d'atteindre une perplexité silencieuse, la personne est propulsée par ses questions. Le fait de rester sans question est-il une sorte d'affadissement ? Et dans la question n'y a-t-il pas, au départ, le besoin de progresser par les mots jusqu'au moment où nous n'aurons plus besoin de mots ? Ce sera, alors, une question sans mots...*

On retrouve ce que vous soulevez dans plusieurs traditions. Dans le bouddhisme, par exemple, on dit que la question est plus importante que la réponse. Le questionnement n'est pas simplement de l'ordre des mots, de ce qui est formulé. La question la plus importante est celle qui est formulée par le cœur. Cette question-là est une prière. C'est le vrai sens de la prière. La réponse n'est pas entre nos mains. Nous ne savons pas ce qui va se passer. C'est une question qui est posée avec toute notre âme, tout notre être. Sans question, il ne se passe rien. Mais surtout sans les questions du cœur.

Je me rappelle une histoire rapportée par mon guide spirituel alors qu'il était lui-même disciple, auprès de son maître. Mon maître avait invité quelques personnes pour qu'elles entendent les enseignements de son guide, qui étaient pour lui autant de joyaux. Mais ce jour-là, le maître resta silencieux pendant deux heures. Tout le monde était gêné. A-t-il parlé ? En définitive, il repartit en n'ayant rien dit. Ses amis étaient très agacés d'être venus et de n'avoir entendu aucune parole. Alors le disciple revient vers son maître et ce dernier se met à dire des choses extraordinaires. « Mais pourquoi ne disais-tu pas cela tout à l'heure ? » Et le maître se met à rire : « Mais mon fils, tu crois que j'ai cela dans mon capuchon ? Pour que cette parole-là sorte, il faut qu'il y ait de vraies questions. Il faut qu'il y ait des cœurs. »

Le *dharma* du Bouddha

Lama Denys Teundroup

Lama Denys Teundroup est un fils spirituel de Kalou Rimpoché, reconnu comme l'un des plus grand maîtres bouddhistes contemporains. Kalou Rimpoché a transmis son héritage spirituel à Lama Denys en l'autorisant à transmettre lui-même cette tradition. Lama Denys est français, de formation universitaire et traditionnelle. Il est le guide spirituel de l'institut Karma Ling, situé au cœur d'une magnifique forêt entre Chambéry et Grenoble. Une des spécificités de cet institut, outre l'enseignement du dharma *du Bouddha, est la rencontre interreligieuse, la rencontre entre l'Orient et l'Occident, ainsi que la rencontre entre la tradition et les sciences. C'est un lieu de réflexion et de méditation. Lama Denys est le Supérieur d'une congrégation réunissant différents centres bouddhistes. Il est également le président de l'Union bouddhique européenne. En quoi la spécificité du message du bouddhisme transmet-il ce qui touche au sens, à la vie et au sacré ?*

Le sens sacré de la vie ? Je répondrai à cette question dans la perspective de la tradition du Bouddha. Pour commencer, je voudrais considérer l'importance de ce thème. Qu'est-ce qui peut donner à notre vie son sens véritable ? Qu'est-ce qui, en cette courte vie humaine, mérite d'être fait ? Comment donner son sens à cette « précieuse existence humaine », comme nous la nommons dans notre tradition ? Il est important d'apprécier la valeur de la situation dans laquelle nous sommes, de prendre conscience des capacités et du potentiel dont nous sommes dotés. Cette considération demande que nous prenions la mesure de l'urgence qu'il y a de donner à sa vie son véritable sens.

Cette vie humaine est transitoire, impermanente comme une goutte d'eau. Aujourd'hui vivant, demain mort. Nul d'entre nous n'est certain d'être encore en vie demain. Dès lors, il s'agit de noter l'intelligence de l'impermanence qui nous permet de nous recentrer sur l'essentiel. Notre vie habituelle est prise dans toutes sortes d'attachements. Nous dérivons, voguons, errons dans les situations. Et le sens de la vie ? « Demain, quand je serai en vacances, que j'aurai terminé d'élever les enfants, quand je serai à la retraite, ou quand je serai mort... »

J'aimerais donc commencer par le véritable sens à donner à sa vie, et redéfinir, dans cette perspective, les priorités de notre existence.

Tout d'abord, ces priorités peuvent facilement se définir en fonction de la réalité de la mort. Selon la tradition bouddhiste, il n'y a pas de véritable vie sacrée sans expérience intégrant la mort. Méditer sur la mort n'est pas une noire considération. Il y a dans la prise de conscience de la réalité de la mort une délivrance, une qualité de souplesse, de non-attachement et de liberté qui permet de bien vivre. Pour vivre la vie sacrée, l'intelligence de la réalité de la mort est fondamentale.

Ensuite, qu'entendons-nous par « sacré » ? La tradition du Bouddha n'est pas une tradition théiste et ne reconnaît pas un surnaturel ou un Dieu coupé de sa création. Elle ne reconnaît pas de Dieu personnel au sens monothéiste. Un Dieu surnaturel serait d'ailleurs une situation curieuse. Ce que l'on entend par « nature », au sens large, comprend ce que nous sommes dans le cosmos, l'univers, le macrocosme, le microcosme, notre personne ; tout ce que nous sommes, y compris ce que nous pouvons imaginer et concevoir en tant que personne humaine. Toutes nos pensées, nos idées, nos conceptions, quelles qu'elles soient, font partie de que nous sommes en tant qu'humain dans la nature.

Aussi l'existence du « surnaturel » n'est-elle qu'une idée produite par le mental qui n'a de réalité qu'en tant que conception. Dans la tradition du Bouddha, ce que l'on nomme la nature en soi, ou nature fondamentale, est très important.

Pour la tradition du Bouddha, le sacré est ce qui se vit dans le retrait de l'ego, dans le retrait du moi. Ce n'est pas le surnaturel qui fait qu'une chose est sacrée. Le surnaturel est une illusion. Le sacré est une expérience directe, immédiate, au-delà de l'ego. Ce qui se vit quand l'ego – le petit moi, l'individualité – s'est évanoui, est sacré. Du point de vue du *dharma*, cette expérience au-delà de l'ego est l'unique expérience du sacré.

Le sacré n'est donc pas une chose, un objet, un fétiche, une idée, mais il est issu, à chaque instant, pour autant que l'on vive, du retrait de l'ego, de la dissolution des passions. Essayons de nous expliquer. Habituellement, il y a moi ici et l'autre là. Nous créons une séparation. La séparation est le début de l'illusion. Lorsqu'on entre dans le *ici et là*, une barrière apparaît : moi et l'autre, le sujet et l'objet. On s'inscrit dans la dualité. La dualité posée entre deux termes développe toutes sortes de relations duelles : attraction-répulsion, désir-indifférence, etc.

Le sacré est l'état d'avant la séparation, d'avant la coupure, d'avant la dualité. C'est l'expérience primordiale. Le sacré est là avant que moi, observateur-sujet, ne naisse comme habitant ou possesseur de mon expérience. Tout ceci peut apparaître comme une expérience lointaine ou comme des considérations philosophiques, mais il s'agit d'une expérience éminemment simple.
Le sacré, cette expérience d'immédiateté non dualiste, est un état que nous avons tous connu, même fugitivement ou à notre insu, dans un moment de participation, dans un moment d'ouverture ; un moment où, en étant ouverts et pleinement abandonnés, nous avons pu pleinement participer à l'expérience de la réalité de l'instant ; une expérience de communion, d'empathie totale. Cette présence pleine et complète est, du point de vue de l'expérience du Bouddha, le sacré, l'expérience primordiale, la réalisation. Ce que nous appelons « réalisation » est donc l'état dans lequel s'expérimente la réalité authentique et profonde.

Nous nous faisons du réel toute sorte de représentations : notre conscience est un processus cognitif dans lequel la conscience appréhende le réel à travers les représentations. Nous nous représentons une sorte de carte du réel avec ses catégories, ses noms et ses formes, et dans un effet retour de cette boucle cognitive, au regard de l'objet représenté se développe l'impression de l'observateur-sujet. Nous sommes sujet de notre conscience habituelle.
La réalisation, par l'expérience et différentes recherches de compréhension, est une expérience profonde qui dépasse cette conscience habituelle par la méditation, la contemplation.
La possibilité d'une expérience qui dépasse ce jeu projectif et dualiste nous éclaircit. Ces moments particuliers : un état de communion, une expérience de ravissement face à

la beauté, une situation d'amour ou d'abandon, l'oubli de soi au-delà de cet ego, sont un aperçu de la réalisation. Dans cette expérience immédiate se trouve la réalité brute, crue, directe. C'est la nature de Bouddha ou la nature fondamentale, un état d'harmonie. Cette expérience primordiale, sacrée, au-delà de l'ego, est une expérience des sens ou d'essence (nous pouvons l'entendre dans les deux sens) : une expérience dans laquelle s'incorpore l'esprit dans les sens, une expérience des sens pleine et totale, lorsqu'on n'est pas deux dans l'expérience de ces différents sens. C'est une expérience d'incorporation dans le présent. On est dans notre corps avec le présent. On est présence.

La pratique de la méditation est en fait l'approche et l'apprentissage de cette expérience. Elle permet de développer la vigilance, un état d'attention lucide et ouvert. Cette vigilance qui amène ouverture et lucidité est une entrée dans l'expérience sacrée, une expérience d'intelligence et de compassion.

Il existe une intelligence immédiate de la réalité au creux de cette expérience, une perception de ce qui est non déformé par le filtre des représentations et des conceptions mentales. C'est l'intelligence fondamentale (*prajña paramita*, telle qu'elle est nommée par les *sûtras*, les enseignements du Bouddha).

Cette expérience est aussi un état de compassion, d'amour profond et véritable. La compassion est un état ouvert, réceptif et disponible, au-delà des blocages de l'ego. On se trouve alors au-delà de la barrière habituelle que l'on met entre l'autre et soi, cette barrière derrière laquelle on se protège, et qui nous sert aussi à garder ce que nous voulons et à refuser ce que nous ne voulons pas. Il y a dans la compassion une qualité d'accueil : il s'agit de compatir et de participer, participer à la réalité de l'autre et être disponible.

Au-delà de ses résistances, de ses blocages et de ses hésitations, de son sentiment de pauvreté, on est disponible pour donner et offrir. À la fois réceptivité et disponibilité, cette qualité de sensibilité est au cœur de la véritable compassion. L'expérience sacrée de la présence est aussi intelligence et compassion ; au cœur de la compassion se trouve l'intelligence.

Ces deux pôles, l'intelligence et la compassion, *prajña* et *karuna*, sont les deux pôles de l'enseignement du Bouddha. C'est à travers la vigilance, par l'ouverture, l'accueil, le don et d'autres disciplines, que le pratiquant entre dans l'expérience en laquelle habitent ces deux qualités.

D'autre part, il y a dans cet état de présence sacrée une adéquation immédiate à la situation. On y trouve, par-delà le jeu d'un décodage par le système interprétatif du mental, une adéquation et auto-adaptation immédiate à la situation. Dès lors, dans cette expérience, l'action est spontanée et efficace : on est la situation.

L'exercice de la méditation est trop souvent compris comme un exercice individuel ou comme un exercice qui coupe du monde. Ces deux interprétations sont fausses. L'expérience méditative profonde est ouverture et participation, elle est accueil et don de soi, une communication ouverte et pleine. Elle est le contraire d'une attitude égoïste et égocentrée. Ce n'est nullement une abstraction. Il ne s'agit pas de se couper du réel et du présent pour partir dans un monde imaginaire. Bien au contraire, il s'agit de tendre à ne pas être prisonnier de ce monde imaginaire et mental qui habituellement nous possède. Il s'agit d'être présent, de vivre l'instant, d'être présence de l'instant.

Le point suivant que j'aimerais vous présenter est l'*harmonie de la vie*. La vie n'est pas comme on l'imagine le contraire de la mort. La vie est un cycle fait de naissances et de morts, et l'opposé de la mort serait plutôt la naissance, comme l'opposé de la naissance serait la mort. Les successions des naissances et des morts constituent, dans leur cycle, la vie. La continuité de la vie est faite de naissances et de morts.

C'est dans la perspective de cette continuité que l'on parle, dans la tradition du Bouddha, de renaissances, et non pas de réincarnations. « Réincarnation » est un mot inadéquat qui suggère une dimension charnelle et un retour dans l'incarnation, comme une âme qui retournerait dans la chair de corps en corps. Ceci n'est pas l'idée du Bouddha. La continuité de la vie est telle que, de naissances en renaissances, la vie continue.

« La vie continue » est une expression traditionnelle que l'on rencontre dans le *Milindapana*, un dialogue célèbre qui met en scène un roi grec et un sage indien. Le roi grec philosophe demande au sage indien : « Qu'est-ce qui passe d'une naissance à une autre naissance ? Quelle est la continuité ? » Le sage indien lui dit: « Écoute, roi, et considère cet exemple : à la porte de ton palais, le soir, il est un garde qui, pendant le premier quart de la nuit, tient un flambeau. Il est relayé au deuxième quart de la nuit par un deuxième garde qui allume son flambeau à celui qui est sur le point de s'éteindre ; et ainsi pour les quatre quarts ; et à l'aurore, le feu brûle toujours dans le quatrième flambeau. À ton avis, ô roi, le feu brûlant dans le quatrième flambeau est-il le même ou différent de celui qui brûlait dans le premier ? » Le roi répond : « Ce n'est pas le même mais il n'est pas vraiment différent. » Nagaséna lui dit : « Eh bien, ô roi, de la même façon, ce qui se transmet d'une naissance à une autre naissance n'est ni le même, ni différent. »

Et ce n'est ni le même, ni un autre, qui naît et qui passe d'une naissance à la suivante. Pourtant, il est une continuité de la vie dans laquelle nous avons une responsabilité, le présent étant l'héritage du passé. Dans le présent, il y a une certaine liberté en même temps que certains conditionnements, et ce que nous faisons dans le présent a des conséquences sur l'avenir. On dit simplement que le présent est le résultat du passé et l'avenir le résultat du présent, mais dans le présent nous avons une liberté dont nous sommes responsables.

Nous avons la possibilité de transformer notre vie en utilisant le mieux possible cette liberté. La question de donner à notre vie son sens est pertinente car nous pouvons alors transformer notre vie d'une façon positive ou négative, ce qui n'a pas ici un sens « juridique » : est positif ce qui est sain, c'est-à-dire harmonieux ; est négatif ce qui est malsain, pathologique, maladif. La maladie est un dysfonctionnement pénible et douloureux, alors que la santé est un état de bien-être habituel, d'harmonie et de santé. L'éthique du *dharma* s'inscrit dans cette perspective que l'on pourrait qualifier de « médicale ».
Les deux principes, l'intelligence et la compassion, peuvent être exprimés comme l'intelligence de l'interdépendance et la compassion de la non-violence. L'intelligence se décline en interdépendance et la compassion se décline en non-violence.
Il y a là une vision de la vie comme étant un ensemble d'événements interdépendants qui ne s'arrêtent pas à mon corps. Nous avons tendance, dans nos perceptions habituelles, à nous percevoir comme une entité indépendante et permanente. Pourtant, ce que je suis est fait de non-moi. Ce qui est moi en tant que personne dépend de ce qui est autre que moi. Sans ce qui est autre que moi, je ne serais pas. Je ne suis pas seulement ici. Je suis une boucle, un ensemble d'interactions, d'événements et d'éléments interdépendants qui me relient à tout l'environnement par l'air, par l'eau, par la nourriture, par tous les autres humains et non humains. Moi est fait de non-moi. Moi et non-moi sont interdépendants.

Dans cette interdépendance, il s'agit d'avoir cette compassion de non-violence : tu ne ferais pas à l'autre ce que tu ne voudrais pas qu'il te soit fait. Si on a l'intelligence de l'interdépendance de soi et de l'autre, on est l'autre et l'autre est soi. À ce moment-là, cette qualité de compassion, qui est le respect de l'autre comme soi, peut se vivre de façon naturelle. Le respect de la vie, caractère sacré de cette harmonie que nous sommes, se trouve posé comme le premier acte positif dans la tradition du Bouddha.

Il y a dix actes positifs et dix actes négatifs, toujours dans cette perspective « médicale ». Le premier est le respect de la vie : ne pas détruire la vie, ne pas avoir un comportement agressif, destructeur par rapport à la vie. Nous sommes la vie. Cela signifie respecter tous les vivants et respecter notre environnement. Il y a dans ce précepte une dimension écologique profonde : l'intelligence que nous sommes interdépendants de notre environnement. L'habitant et l'habitacle « environnement » ne sont pas deux. L'homme que je suis et sa niche écologique, sa biosphère, ne sont pas deux. Et le respect de la vie réside dans une attitude de non-violence par rapport à notre environnement. Nous avons besoin aujourd'hui de cet enseignement antique, alors que la violence destructrice malmène l'environnement et notre biosphère, au point que nous ne savons pas ce qu'il va advenir. Dans la vision de la vie sacrée se trouve celle d'une économie de vie, une économie viable.

La vie sacrée se vit dans l'harmonie fondamentale, sans les dysharmonies qu'amène l'ego : la séparation, les attitudes conflictuelles, les agressions et les violences. La voie de la méditation, la voie du Bouddha, consiste donc à vivre cette harmonie au niveau du corps, de la parole, de l'esprit et au niveau relationnel, dans la vigilance et la présence immédiate.

Questions-Réponses

Quelle différence faites-vous entre renaissance et réincarnation ?

Il y a d'une part la vision profonde de l'enseignement du Bouddha, et d'autre part un ensemble de superstitions. Beaucoup de personnes croient aujourd'hui en la réincarnation. Mais la notion de réincarnation qui circule en Occident est souvent très simpliste : on imagine l'âme passant d'un corps à un autre corps.

Du point de vue du *dharma*, il n'y a pas d'âme. L'âme en tant qu'entité permanente, stable, perdurante est purement illusoire. De plus, le mot « réincarnation » n'est pas une traduction juste. Il ne vient ni d'un mot sanskrit, ni d'un mot tibétain. En français, « réincarnation » signifie « retour dans la chair ». En tibétain, le terme employé signifie « naissance » ou « continuation d'un devenir », sans aucune idée de réincarnation. En Occident, on a pu observer une sorte de solidification d'une certaine vision populaire et simpliste. On rencontre aussi cette vision en Orient, mais de façon plus subtile. L'Occident a davantage développé une sorte de théologie de la réincarnation qui suscite beaucoup d'incompréhension.

Souvent, en tant que bouddhistes, nous entendons : « Vous êtes bouddhistes, vous croyez donc en la réincarnation. » Non, pas vraiment. Nous admettons la renaissance comme la continuité de la vie. Mais ce n'est pas une croyance. Il s'agit de la continuité de la vie en laquelle ce qui continue n'est ni le même ni un autre.

Dans la renaissance réside la notion de *karma*. *Karma* se traduit par « agissement ». Cela signifie que le présent est l'héritage du passé : ce que l'on fait dans le présent sera notre héritage dans le futur, ce *on* n'étant ni le même, ni un autre, mais se situant dans une dynamique de causalité. Cette notion de *karma*, dans ce qu'elle a de fondamental, est similaire à celle de responsabilité. Nous sommes responsable de ce qui va advenir, car nous avons la possibilité de nous transformer. Nous avons un héritage culturel, psychologique et spirituel, et nous sommes cet héritage, mais nous avons la responsabilité de le transformer. De plus, nous avons la responsabilité de nous éveiller au service et pour le bien de tous les vivants. Le bon usage de cette responsabilité d'un éveil dédié au bien de tous les vivants est la manière par excellence de donner à sa vie son véritable sens.

Seriez-vous prêt à penser qu'en Occident on a tendance à utiliser la réincarnation comme une roue de secours ? On peut en effet se dire : cette vie a été un peu loupée, donc ça ira mieux dans la prochaine. C'est une manière de se déresponsabiliser de ce qui nous arrive. Cela me paraît une conception un peu naïve.

Oui, il y a différents malentendus. On peut trouver cette sorte de déresponsabilisation qui nous fait dire : « Ça ne va pas bien dans cette vie-ci, mais ça ira mieux dans la prochaine. » Il y a aussi, dans la vision occidentale de la réincarnation, une sorte d'ambition de l'ego : celle de se perpétuer, de trouver de manière subtile sa continuation. En fait, du point de vue traditionnel, la renaissance se comprend en relation avec la responsabilité du présent. Et la délivrance est la fin de la renaissance, en d'autres termes, la fin de l'ego.

Dans l'hindouisme, qu'est-ce qui se réincarne ? L'esprit ou l'âme ? Et à quoi est rattaché le karma *?*

Ce n'est pas l'âme pour la bonne raison qu'il n'y a pas d'âme. L'âme n'existe pas. Ce qu'on entendrait par âme serait l'*atman*, l'ego. Prenons le problème différemment : si l'on entend l'âme comme l'ego, c'est donc l'âme qui renaît. Il y a alors la continuité d'une illusion qui passe de naissance en naissance. Le point important et la solution de la question est de savoir ce que l'on est maintenant. Qu'est-ce que ce *je* conscient, esprit ou âme ? C'est dans l'intelligence de cette recherche que l'on découvre la nature de ce que l'on est véritablement, et la nature de la vie : ce que l'on peut nommer la vie éternelle. Au-delà de la succession de naissances, l'esprit-expérience délivré se vit dans une expérience intemporelle, la vie éternelle, en comprenant l'éternité comme l'intemporalité. La délivrance de la réalisation, qui est en fait la mort de l'ego et la fin des continuités illusoires, est aussi la naissance à la vie éternelle.

Dans la doctrine spirite, la notion de réincarnation est une notion de progrès selon laquelle l'âme peut se réincarner dans des corps humains dans le but de progresser. Si l'on reprend l'image des flambeaux qui s'allument les uns après les autres, où se trouve le progrès qui nous conduirait à un certain niveau d'éveil ?

L'enseignement du Bouddha n'a rien à voir avec le spiritisme. Dans les renaissances, il n'y a pas forcément de progrès. Dans la perspective du Bouddha, le cycle des existences est tel qu'il peut aussi bien y avoir évolution qu'involution. Cela dépend de la manière dont nous utilisons la responsabilité dont nous disposons. Nous développons ce que l'on nomme un « *karma* sain » ou un « *karma* malsain ». L'avenir peut ainsi devenir positif ou négatif. Si l'on sème de mauvaises graines, on récolte de mauvais fruits, et si l'on sème de bonnes graines, on récolte de bons fruits.

Apprendre à vivre ensemble

Patrick Estrade

Patrick Estrade a étudié la psychanalyse et la psychologie pendant huit ans à l'Institut de psychologie analytique de Berlin. Il est l'auteur de plusieurs ouvrages (éd. Dangles) sur les thèmes de la communication, du couple, de la communication dans la vie d'entreprise dont l'ensemble constitue une petite encyclopédie du bon sens psychologique. Thérapeute de terrain, et le titre de sa conférence est éloquent à cet égard, Patrick Estrade n'en est pas moins un homme de réflexion empreint d'humanisme et de valeurs spirituelles.

De prime abord, on pourrait se demander ce que vient faire un psychologue psychothérapeute dans un congrès sur le sens sacré de la vie, et je dois dire que je me le suis demandé moi-même pendant un certain temps, mais le temps aidant, je me suis avisé que ma place dépassait celle du simple candide et que la psychologie des profondeurs avait elle aussi un éclairage à apporter sur le thème qui nous réunit. En effet, un psychothérapeute qui exerce son noble art ne peut se contenter d'être seulement psychologue, il se doit d'être aussi philosophe, sociologue, philologue, anthropologue, théologue..., bref, un connaisseur de ce que d'aucuns appellent les sciences humaines. Évidemment, le regard que je porte sur notre sujet sera un peu différent de celui de mes prédécesseurs, mais je crois qu'en fin de compte, tous les courants de pensée qui se donnent pour but la connaissance de soi, d'autrui et du monde se rejoignent ; en la matière, aucune doctrine, me semble-t-il, ne rend les autres superflues.

Pensant au thème « Le sens sacré de la vie », et devant l'immensité de la tâche, je me suis rappelé ces mots de maître Eckhart, qui disait, si je me souviens bien : « Si au moment où j'atteins le maximum de la contemplation, de l'intériorité, j'entends frapper à ma porte et qu'un misérable se présente qui a besoin d'une petite soupe, à ce moment-là, je dois abandonner ma contemplation et la lui préparer immédiatement, et cependant je n'aurai pas quitté l'état d'extase et de communion avec le Divin dans lequel j'étais. » Eh bien ! à l'instar de ce que dit maître Eckhart, j'ai pensé que je pouvais relier au sens sacré de la vie la simplissime question d'apprendre à vivre ensemble, sans pourtant trahir en aucune façon l'esprit du thème.

Pour entrer dans le vif du sujet, j'aimerais poser une première question : Pourquoi « apprendre à vivre ensemble » ? Vous connaissez l'histoire du fumeur invétéré qui s'exclame : « Rien n'est plus facile que d'arrêter de fumer, je le fais trente fois par jour. » On pourrait rétorquer de la même manière : rien n'est plus facile que de vivre ensemble. La preuve : je passe mon temps avec les autres ! Pourtant, au vu du piètre résultat général, qu'il me soit permis d'en douter.

Je pense qu'il est une évidence à laquelle il faut se rendre : vivre avec les autres est difficile, compliqué, ardu. Pourquoi ? Parce qu'ils existent. Comme se plaisait à dire un de mes amis : avec les autres, on partage des problèmes que sans eux on n'aurait pas eus ! Ne peut-on pas s'en passer, rester tout seul, tranquille ? Non ! S'isoler sur une autre planète, dans une autre galaxie ? Non plus ! Pourquoi ? Car leur fréquentation comporte quelques avantages. L'homme sait cela depuis les temps les plus reculés. C'est certainement parce que les premiers hommes ont uni leurs forces contre les dangers, contre l'adversité qu'ils ont réussi à survivre. Pour nous aussi, à notre époque, vivre ensemble comporte des avantages. Avantages de sécurité personnelle, bien sûr – quoi qu'on en dise, l'individu est moins menacé aujourd'hui qu'hier –, mais aussi avantages collectifs : la santé, l'école, les transports, la technique, etc.

Ces avantages, on les retrouve dans toutes les structures sociales humaines, qu'on les appelle clan, tribu, communauté, société, ou que sais-je encore. Moi, je leur donnerai volontiers un autre nom : *Ethos*. Rassurez-vous, *ethos* n'est pas un cinquième mousquetaire du roy. *Ethos*, en grec *ethicos*, ce sont les manières d'être, les coutumes, les habitudes, les mœurs.

Ethos suppose un monde de valeurs. Un monde de valeurs qui pourraient contenir toutes les valeurs des civilisations passées et actuelles. C'est ce qu'on appelle la tradition. Qu'est-ce que la tradition ? C'est tout ce qui nous a été transmis depuis que les hommes vivent ensemble en société. Et l'homme vivant en société, ça m'a l'air de revêtir une importance capitale. C'est ça, l'éthique : l'homme vivant dans un *ethos*, dans un monde relationnel. C'est l'homme sur Terre. Les Allemands diraient un *Lebenswelt*, un « monde de vie », un « monde relationnel ». Nous vivons dans un monde relationnel et il est intéressant de « spécifier » les relations en leur donnant une valeur.

J'aimerais maintenant revêtir l'habit du philologue et regarder de façon un peu structurelle ce qu'il y a dans l'homme sans pour autant le « saucissonner ».

Lorsque nous disons « société », nous entendons le mot « social », proche du latin *socius*. L'homme vit en société, il est un *socius*, il met en commun des choses, il est un « associé » en quelque sorte. Et c'est déjà beaucoup. Alfred Adler, l'un des trois grands pionniers de la psychanalyse avec Sigmund Freud et Carl Gustav Yung, a beaucoup parlé du « sentiment social » (*Gemeinschaftsgefühl*), qu'on pourrait également appeler « sentiment de communauté ».

Il y a en l'homme le social, l'« associé », mais il y a aussi le « prochain ». Le prochain, ce n'est pas le « suivant » comme le chantait Jacques Brel ; le prochain, c'est mon prochain, c'est-à-dire celui qui m'est proche (le *proximus* latin). Bien sûr, sur le globe, nous ne sommes pas tous proches de la même manière. Ainsi, malgré tout le respect que je leur porte, je me sens moins proche des Aborigènes australiens que d'un européen. Il y a par conséquent des distinctions. Mais il n'en reste pas moins que tout être sur Terre est en quelque sorte mon prochain.

Il y a une autre instance dans l'homme que nous pourrions appeler le « solidaire » (le *sodales* latin). L'homme est solidaire des autres hommes car, je l'ai dit, il vit dans un monde relationnel. « Il existe un patriotisme humain, disait Thomas Mann : on aime l'homme car il a la vie pénible et qu'on est soi-même un homme. »

Il y a enfin dans l'homme un « humain ». L'humain (l'*humanum* latin) intègre soi, les autres et le monde. Il est un englobant. L'englobant n'a ni dessus ni dessous, il est unité.

Tout à l'heure, j'ai parlé d'éthique ; mais sur quoi se base-t-elle ? Je répondrais : sur des conceptions de vie et sur des conceptions du monde. Par exemple, si on pose la question : « De quoi l'homme est-il fait ? », on pourra répondre qu'il est fait de raison (rationalité) mais aussi de sentiment. Ainsi, personne ne voyant un enfant en train de se noyer resterait coi, personne ne resterait indifférent. L'homme est doué de sentiment.

Nous avons d'un côté l'*ethos* et d'un autre côté le *pathos*. Le *pathos*, c'est ce qui modifie l'*ethos*, c'est le *patheia* grec, e ressenti, la passion. On trouve un certain nombre de mots ayant cette racine, par exemple l'apathique. Chez les stoïciens, l'apathique est celui qui affiche une insensibilité voulue. On trouve aussi l'empathie. Ce mot est devenu très à la mode. L'empathie, c'est la capacité à ressentir l'expérience ou l'état d'âme vécu par un autre. On trouve également la sympathie. La sympathie, c'est une convergence de sentiments, c'est lorsque les ressentis se rapprochent et se rassemblent pour former une symphonie, une résonance commune. Sur la même racine, on a enfin la compassion. Avec la compassion, on touche presque à la miséricorde. La compassion, c'est la question salvatrice du Parzival de Wolfram von Eschenbach : « Mon oncle, qu'est-ce qui te fait souffrir ; quel est ton tourment ? » On est proche, là, d'un intérêt d'un ordre presque religieux.

Dans la vie quotidienne, comment tout cela se manifeste-t-il ? Prenons un exemple. Cette dame qui est en face de moi, au troisième rang me regardait au début de mon propos d'une manière distante, un peu méfiante peut-être. Puis, peu à peu, l'expression de son visage a changé, elle m'a regardé avec un autre sentiment, une certaine empathie. Et maintenant qu'un contact plus personnel est établi, elle me sourit de manière très sympathique. Et peut-être se dit-elle : « Comme cela doit être difficile pour lui, d'être tout seul devant nous tous. » Et elle a de la compassion. Quelque chose de purement humain se passe, se construit entre Jacqueline – c'est son nom – et moi. Un lien se tisse entre un être humain et un autre être humain. Or, quand je regarde paître une vache, par exemple, je n'éprouve pas la même chose. Peut-être que je ne

suis pas un assez grand connaisseur des vaches, mais je n'éprouve pas grand-chose pour la vache alors que j'éprouve d'emblée quelque chose pour Jacqueline.
Donc, nous sommes pris dans un étau : d'un côté, nous aimerions vivre tranquille, sans avoir à nous soucier des autres, mais d'un autre, nous vivons dans un monde éthique, un monde relationnel fait non seulement de rationalité mais aussi de sentiments.

Je voudrais maintenant aborder la chose d'un point de vue analytique. Sigmund Freud pour lequel j'ai un grand respect, a eu cette phrase aujourd'hui célèbre : « Là où régnait le Ça devra régner le moi. » Dans ce qu'on appelle sa seconde topique, c'est-à-dire sa seconde théorie, Freud a distingué le Ça, le surmoi et le moi. Pour dire la chose en deux mots, disons que le Ça est l'ensemble des pulsions inconscientes de l'individu, elles se trouvent régies par le principe de plaisir. Le surmoi est l'autorité parentale en nous, vous savez, ce flic intérieur qui n'arrête jamais de maugréer, de critiquer et de commander de façon autoritaire... Quant au moi, on pourrait le définir comme un ensemble d'éléments qui constitue la conscience, c'est la partie consciente du psychisme.
Là où régnait le Ça devra régner le moi... Cet aspect de la psychanalyse est intéressant et il a aidé une foultitude de gens enlisés dans leur pulsionnel à laisser émerger un état du moi beaucoup plus constructif, à accéder à un moi plus fort. Mais je pense que ce n'est pas suffisant, et il m'arrive m'arrive de désigner ces gens comme étant de la « race des présumés seigneurs ». J'ai souvent remarqué que les personnes qui sont passées par une psychanalyse « pure et dure » ont une indicible capacité à dire « non », « ce n'est pas mon problème », mais qu'il leur manque quelque chose. Quelque chose de l'ordre « compassionnel », justement. Il leur manque une grandeur d'âme, ils

ont le cœur sec. J'espère en disant cela que je n'offense pas les psychanalystes qui sont peut-être dans la salle. Après tout, Stan Rougier, tout à l'heure, s'est « mouillé » avec le Pape, je peux me « mouiller » avec Freud.

« Là où régnait le Ça devra régner le Moi » n'est que la première partie de la maturation humaine. La seconde partie, dont je dois la formulation à mon patron berlinois, le professeur Josef Rattner, devrait être : « Là où régnait le moi devra régner le nous. » À mon avis, une bonne psychanalyse, un bon travail sur soi devrait compléter le travail du moi avec un travail sur le nous.

Il y a un autre grand chercheur de la pensée psychanalytique dont le point de vue est assez proche de ce que je suis en train de vous expliquer, il s'agit du Suisse Ludwig Binswanger (1880-1966). Je ne puis ici développer toute sa doctrine qu'il nomme « analyse existentielle » (en allemand *Daseinanalyse*, mot à mot : analyse de l'être là), mais pour faire court, je dirais que Binswanger nous a fait comprendre que si « être dans le monde » c'est *être là*, *être là* c'est *être avec* (être avec les autres, s'entend !). *Être là* et *être avec* sont, si je puis dire, frères jumeaux. Je ne puis être là sans être avec. Personnellement, dans mon travail de psychothérapeute, j'en ai tiré la leçon. En effet, si une personne souffre dans son existence, c'est qu'elle souffre de son être dans le monde, donc de son *être là*, donc de son *être avec*. Pour moi, la souffrance existentielle est par conséquent une souffrance d'être avec les autres. C'est en s'occupant de l'*être avec* de la personne souffrante que le psychothérapeute la conduira à comprendre et à gommer cette souffrance. C'est pour cela que je pratique depuis plus de vingt ans la psychothérapie de groupe.

Là où régnait le moi, disais-je, devra régner le nous. Comme c'est curieux. Lorsque je regarde vivre mes contemporains, j'ai l'impression qu'au lieu de se sentir rassurés par le nous, ils en ont au contraire une peur terrible. Qu'est-ce qui nous fait si peur dans le nous ? La peur de nous perdre, de nous assimiler ? La peur de perdre notre liberté ? Il y a là un hiatus. C'est comme si nous confondions « ensemble » et « l'un avec l'autre ». Tout à l'heure, Faouzi Skali disait « moi et ». Les Russes, pour dire « nous », disent « nous avec toi ». Par exemple : « Veux-tu que nous avec toi allions manger au restaurant ? » C'est quelque chose qui manque dans notre langage. En fait, je pense que si nous avons si peur du nous, c'est que nous le prenons pour un collectif alors qu'il s'agit d'un réciproque. On entend cela très bien lorsque les Allemands disent *Miteinander* : l'un avec l'autre en réciprocité.

En vous disant cela, je ne suis pas loin de ce que dit le Tao. Être dans le Tao signifie qu'on fait partie d'un tout, qu'on est là, dedans, qu'on est dans la Voie. Le Tao dit : « Un donne naissance à Deux, Deux donne naissance à Trois, Trois donne naissance à la multitude des êtres. » Un, c'est l'unité ; Deux, c'est le yin et le yang, ça peut être aussi la mère et l'enfant. Ça peut être aussi l'ouverture vers la synergie, vers le Trois. Qu'est-ce que la synergie ? C'est lorsque 1 + 1 ne font pas 2 mais 3. Pour dire cela de manière plus conceptuelle, c'est lorsque la somme de deux individus est supérieure au nombre d'individus qui la composent. Cela se traduit par exemple par le fait que moi tout seul, je n'arriverai pas à transporter cette énorme pierre, toi tout seul non plus, mais en unissant nos deux forces, nous pouvons y parvenir. Le Trois, cela peut être la synergie de Deux, cela peut être la polarité et la transcendance, cela peut être le Père, le Fils et le Saint Esprit... Et puis enfin, le Trois donne naissance à la multitude des êtres : là, on en revient à l'unité et à l'englobant dont je parlais précédemment.
Résumons-nous : normalement, Un donne naissance à Deux, Deux à Trois et Trois à la multitude des êtres. Or, il y

a un hic : parfois, et je dirais même souvent, ça ne marche pas comme ça devrait marcher. Ainsi, quand je regarde vivre mes contemporains, je n'ai pas souvent l'impression que leur Un donne naissance à Deux, leur Deux à Trois et leur Trois à la multitude. C'est ce que j'appelle la maladie du Un. Nous vivons aujourd'hui dans une société qui nous désolidarise, qui nous divise, qui nous individualise (l'individu, c'est l'*individuum*, ce qui ne se divise pas). Nous vivons dans une société de l'individu. Or, l'individu ne se divise pas, ni ne se multiplie. Cela veut dire que le Un, au lieu de faire son travail qui consiste à devenir Deux, puis Trois, puis la multitude, demeure enfermé sur lui-même et reste un, désespérément. Dans la pratique, cela se traduit par exemple par toutes les conduites addictives (cigarettes, drogues, alcool, donjuanisme, etc.). Le Un, carburant de l'être, ne permet plus à l'existence d'évoluer.
À la limite, j'appellerais cela des conduites autistiques. Qu'on s'en aperçoive ou non, notre monde est devenu très autiste. J'appelle ici « autisme » le fait de ne pas arriver à marier le Un avec un autre Un afin qu'il devienne Deux, puis Trois, puis multitude. Oui, nous vivons dans une société où le Un reste Un, ce qui revient à dire : « Je m'en fous de toi ». Michel Tournier a bien saisi cela. En parlant de son livre *Vendredi...*, il dit : « La solitude grandissante est la plaie la plus pernicieuse de l'homme contemporain. L'homme souffre de plus en plus de solitude car il jouit d'une richesse et d'une liberté de plus en plus grande. Plus nous avons de liberté et de richesse, plus nous nous enfonçons dans la solitude. Liberté, richesse, solitude : telles sont les trois faces de la condition moderne. »

Lorsque le Pape a reçu récemment Bob Dylan au Vatican, il lui a récité, à sa grande surprise, quelques couplets de *Blowing in the Wind* ». Il aurait pu tout aussi bien piocher dans *Like a Rolling Stone* :

« Comment se sent-on
Lorsqu'on se trouve livré à soi-même,
Tel un étranger,
Parfait inconnu,
Sans possibilité de retour au foyer,
Comment se sent-on ?
Comme une pierre qui roule, roule... »

Comment se sent-on lorsqu'on se trouve livré à soi-même, sans feu ni lieu ? Solitude : maladie du Un. Montherlant, dans *Les Jeunes filles*, nous a prévenus pourtant : « On ne s'enferme pas dans sa chambre impunément, on n'envoie pas impunément coucher ses semblables. Et c'est bien ainsi puisque le repliement sur soi, lorsqu'il n'est pas commandé par de hautes raisons intellectuelles ou spirituelles n'a pour cause que la paresse, l'impuissance, bref, cette peur de vivre dont on n'a pas assez dit combien de place elle occupe parmi les maux qui désolent l'humanité. » La maladie du Un, c'est cela. Nous ne sommes plus en état de chercher notre Deux, qui donnerait la possibilité de donner naissance à Trois, puis à la multitude, revenant ainsi à l'unité première. La maladie du Un est une maladie de l'amour. Car le Un qui rencontre un autre Un pour faire Deux, c'est ce qui donne naissance à l'amour, n'est-ce pas ?

La question est évidemment de savoir ce que nous pouvons-nous faire de ce constat. Le poète Rilke nous donne un début de réponse : « Il faudrait apprendre à aimer la distance qui nous sépare. » En d'autres termes, apprendre à considérer chacun de nous, non comme un but – là, la psychanalyse dirait certainement « un objet », mais comme un pont. Un pont, c'est fait pour relier une rive à une autre rive, n'est-ce pas ? Car chacun de nous constitue un rivage auquel les autres viennent accoster. C'est

cela, « aimer la distance qui nous sépare ». Voir l'autre au loin et venir accoster à son rivage.
Si je m'inscris dans le vouloir de la relation de toi à moi et de moi à toi et non dans la possession de l'objet, alors, j'aimerai la distance qui me sépare de toi et ainsi, je pourrai te respecter. Hélas! Trop souvent nous tombons dans le piège de vouloir nous posséder les uns les autres. Que reste-t-il de l'amour, alors ?
Combien de fois ne m'a-t-on pas posé la question : Patrick Estrade, vous nous encouragez à l'expérience de la vie amoureuse, vous nous incitez à nouer avec un compagnon ou une compagne, mais où est l'amour ? Je réponds invariablement : l'amour est autour de nous, mais nous ne le savons pas.
Cela me rappelle un souvenir d'Égypte. J'avais demandé à descendre le Nil sur une felouque. Le navigateur était nonchalamment allongé à l'arrière, barrant notre embarcation avec le pied. Nous descendions le Nil, et c'était merveilleux. Comme j'avais déjà une bonne expérience de la voile, l'envie de prendre la barre me démangeait. Finalement, je lui demandai s'il m'était possible de prendre un moment la barre et il me la céda avec un large sourire. Je ne m'y trouvais pas depuis une minute que la voile commença à faseyer comme si le vent avait disparu. J'avais beau scruter tous les indices, tous sens en éveil, la voile restait plate. Le navigateur reprit la barre en main et, à ma stupéfaction, la voile s'emplit et se gonfla de nouveau. Je repris la barre en main, même scénario : la voile pâlit et ne tarda pas à se dégonfler. Je dois dire que mon orgueil de skipper, ce jour-là en prit un coup, mais cette expérience me servit de leçon.
Eh bien, voyez-vous, l'amour, c'est cela. On peut, à un certain moment ne pas être à même de remplir sa voile, mais ça ne veut pas dire que le vent n'est pas là. L'amour existe, mais trop souvent, par paresse, par égoïsme, par

sentiment d'impuissance, par peur de la vie, nous n'osons pas emplir la voile. Gonfler la voile, moi j'appelle cela : être homme ou être femme sans réticence.

Comment sortir de la paresse, de l'égoïsme, de l'impuissance ? Comment devenir homme ou femme sans réticence ? En comprenant que l'individualité n'est qu'un aspect mineur de la personne humaine. Nous ne sommes pas essentiellement des individus, nous sommes des personnes. Lorsque j'entends dire : « Mon couple, ou mon mari, fonctionne bien » (ou mal) comme s'il s'agissait de machines, ça me fait frémir. Pitié ! Nous ne fonctionnons pas comme des machines, nous sommes des *personnes,* c'est-à-dire que nous sommes *en relation* les uns avec les autres réciproquement.

C'est en allant vers l'autre qu'on se rapproche de soi-même. En ce sens, exister, c'est coexister. Bien sûr, c'est difficile, mais c'est la seule voie efficace. L'individualité est un système aliénant, un enfermement. Car, comme pourrait le dire Kafka dans *Le Terrier,* par exemple : à force d'aménager sa propre demeure, l'homme se confond avec le système qu'il a construit, l'aliénation est alors totale.

Sortir de l'individualité, c'est comprendre qu'on vit dans un monde relationnel dans lequel chacun est responsable de l'autre. Si tu ne t'occupes pas de ton frère, qui s'occupera de lui ? Et si tu ne t'occupes que de toi, es-tu encore toi ? Si je ne m'en tiens qu'aux attaches de mon petit moi, je n'irai pas bien loin. Comment faire, alors ? Quelle est la voie ? Comment apprendre ?

Tolstoï, dans une très belle lettre à son fils lui suggère ceci : il ne faut pas se contenter de chercher, il faut aussi se mettre à l'épreuve, faire passer dans sa vie ce à quoi on croit car tant qu'on a pas fait ce en quoi on croit, on ne sait pas si on y croit vraiment... Cependant, ajoute-t-il, les vraies joies sont pour ceux qui comprennent leur vie

comme un service, pour ceux qui ont autre chose pour but dans la vie que leur bonheur personnel.
La vie en tant que service, c'est faire l'expérience d'un nous qui ne se réduit pas à deux individualités. La vie en tant que service, c'est ce que j'appellerai le « nous supérieur », ce nous qui nous permet de nous imbriquer non seulement dans une société mais aussi dans un *ethos*. Le nous supérieur n'est pas un nous collectif, c'est un nous réciproque. Le nous supérieur, ce n'est pas : 1 + 1 = 2 ; le nous supérieur, c'est Un qui donne naissance à Deux, qui donne naissance à Trois, qui donne naissance à la multitude, multitude qui nous ramène alors à l'Unité première dans laquelle *je est nous* ! Là est la Grâce. La vie en tant que service, c'est le désir de vivre avec et pour les autres, avec enthousiasme (au sens étymologique de « transport divin ») ! J'aime cette façon d'être un enfant du monde, prêt à aimer son prochain comme soi-même. Là réside le sens de la vie, son sens sacré. C'est dans mon lien aux autres que réside ma liberté. C'est cela qui fait notre humanité, c'est que nous sommes liés à l'autre, reliés, de sorte que nous formons une re-ligion.
Le sens sacré de la vie, c'est arriver à vivre dans un nous qui ne sera plus profane. Ce nous, certains l'appelleront « *ethos* », d'autres « âme », d'autres « le grand Autre » ou « le grand Architecte » ; d'autres l'appelleront tout simplement « Dieu » ! Lorsqu'on a perçu cela, on est alors capable de percevoir le « sacré » dans les choses et tout sens de la vie devient alors sacré...

Comment le malade du Un peut-il se guérir de son sentiment de solitude ?

La solitude est une illusion. *Je* n'est jamais seul. La solitude est une « maladie » (un mal à dire) assez typiquement occidentale. Lorsqu'on voyage dans d'autres régions du monde, on s'aperçoit qu'il existe d'autres formes de vie, pas forcément plus simples, mais moins polluées par l'intérêt personnel. Il existe une forme d'entregent, d'accueil de l'autre, qui, ici, nous fait cruellement défaut et qu'il nous faut reconquérir. C'est une des grandes raisons qui me motivent depuis plus de vingt ans à pratiquer la thérapie de groupe. On n'en a pas idée, car la misère est souvent bien cachée, mais certaines personnes vivent parfois dans un état de grand isolement.
Bien qu'exerçant une profession libérale et ne recevant aucun subside d'aucune sorte, je m'efforce, au niveau du microcosme de mon cabinet de consultation, de faire ce en quoi je crois : l'homme est fait pour vivre avec les autres et non pas contre eux, ou seul. Cela peut s'apprendre ou se réapprendre. Lorsque la personne malade du Un commence à accepter les autres, elle commence à abandonner sa maladie. C'est par conséquent par la rencontre avec les autres que peut s'opérer cette guérison. En ce sens, je dirais : tout ce qui crée de la rencontre est bon à prendre. C'est dans cet esprit que j'ai créé à Nice l'association « L'école de la vie ». J'ai amené avec moi un petit poème qu'une dame, Annie, m'a offert en décembre dernier pour mon anniversaire et qui vous montrera l'état d'esprit qui règne dans cette « école » :

Ici, c'est notre Arche de Noé,
Refuge apaisant de nos dures journées.
Au fil des semaines, nous nous y retrouvons.

Ensemble, nos soucis quotidiens nous évoquons.
Du plus jeune au plus âgé,
Nous nous offrons écoute, tolérance, respect.
Précieuses qualités que nous aimons partager.
Du plus ancien à l'inconnu.
La porte est ouverte et c'est le bienvenu.
Ni morale, ni conseils, ni endoctrinement.
Mais de l'amitié et des mots pour apaiser.
Nos déchirures, nos tourments.
Et de nos prétendus défauts nous déculpabiliser.
Plaisir, échange, réflexion sans outrance ni fard
Prouvent bien que notre travail
tient aussi de l'art.
Pour nous guider sans nous décourager
Sur le chemin de la sérénité
Vous avez, cher Patrick depuis des années
Sans vous lasser, élaboré, structuré, peaufiné
Votre savoir, tel un orfèvre à son ouvrage attaché
Et si à l'extérieur, par des jaloux
nous sommes critiqués,
Sans hésiter, invitons-les à découvrir
Notre Arche de Noé.

Le gai savoir

Paule Salomon

Paule Salomon, sans appartenance à aucune école de pensée, participe à la mise en expérience et en mots d'un art de l'être et d'une féminisation du monde. « Je n'ai rien à enseigner, dit-elle, mais tout à faire ressentir. Plus un cœur est sans jugement, plus il favorise la guérison et l'éclosion ». Elle est l'auteur de La Femme solaire, La Sainte folie du couple *et* La Brûlante lumière de l'amour *(éd. Albin Michel).*

Le sacré s'éprouve. Il n'a pas besoin de parole. Dès qu'on parle sur le sacré on parle autour du sacré, dans les circonférences et les anecdotes qui précèdent son approche. Le sacré est de l'ordre de l'instant, du vécu. Est-il utile de parler sur le sacré ? Le mental se met en marche et propose de cerner, de définir un état qui demande précisément que l'on quitte le mental. Nous sommes là dans un joyeux paradoxe, un gai savoir.
Un colloque n'est pas une messe. Dans son principe il se propose de servir un échange d'idées, une cohabitation pacifique de points de vue différents, de visions du monde parfois divergentes. Mais un colloque sur le sacré de-

mande aussi de trouver une unité commune, une essence commune aux costumes bigarrés des croyances et des religions. Est-il possible de vivre le sentiment du sacré dans une assemblée réunie sous une égide profane ? Est-il possible de ressentir l'unité au sein de la différence ?
Ces questions sont très nouvelles, il y a eu des époques et il y a des pays où il serait impie de les poser. La réponse à ces questions fait partie de l'émergence d'un nouveau paradigme où la notion de tolérance est importante, où l'invisible enveloppe le visible sous des noms différents. À tel point qu'une réunion comme celle-là peut réellement être tout à la fois profane et sacrée, physique, psychique, intellectuelle et spirituelle. Une nourriture est offerte comme un grand panier plein de légumes divers et chacun se nourrit à sa guise en fonction de son appétit et de ses goûts. Le témoignage des intervenants joue le rôle de nourriture. Certaines phrases coulent comme du miel, éclosent comme des fleurs et les participants butinent comme des abeilles. Ouvrir son esprit, fortifier ses convictions, trouver sa voie, aiguiser son esprit critique, écouter son aspiration, chacun a l'occasion de résonner à son niveau de vibration et de questionnement. Les mots ont aussi du pouvoir en fonction de la qualité d'attention de celui qui parle et de celui qui écoute.

Le sacré et les femmes. Je n'étais pas présente à ce colloque qui avait d'ailleurs pour particularité de ne compter aucune femme parmi ses d'intervenants. Je crois que ce n'est pas un hasard même si, objectivement, des femmes ont été invitées et n'ont pas pu se rendre disponibles. Depuis quelques millénaires de patriarcat et de religion révélée, Dieu est pensé au masculin et le sacré est le sentiment né de la présence invisible et palpable du divin. Entre le ciel et la terre, entre le divin et le profane, les hommes prêtres jouent un rôle d'intercession. Mais depuis bien longtemps, les prêtresses n'existent plus. Elles sont reléguées à des temps païens. La femme coupable de la chute de l'humanité, de l'irruption de tous les maux, Ève ou Pandore, a désormais une infériorité naturelle par rapport à l'homme. Dieu parle à l'homme qui parle à la femme. Celle-ci ne saurait se rédempter qu'en se mettant au service de Dieu et de l'homme en toute soumission et obéissance. Ceci n'est pas une caricature mais l'expression d'un ordre sous-jacent. Le sacré est une affaire d'homme, pas une affaire de femme. Les femmes engendrent les enfants, elles sont du côté de la matière et de l'obscurité, de l'opacité, alors que les hommes engendrent l'esprit, le spirituel et la lumière. Symboliquement, la femme est représentée par une courbe quand l'homme est représenté par une ligne droite. Nos inconscients portent la marque de cette division, de cette dualité et je taquinerais volontiers les organisateurs du colloque sur le bon tour que leur a joué leur inconscient.

Et pourtant, il faut bien le dire, le corps de la femme avec son sexe à l'intérieur, son ventre capable d'abriter la gestation de l'enfant, porte de manière cellulaire le vécu de la fusion, de l'unité, de l'amour et quand la vie ne l'a pas durcie, mentalisée, masculinisée, quand elle fait confiance à sa fraîcheur, à son sens de l'humain, à son intuition, elle est directement en contact avec le sacré et devient pour l'homme la porte du sacré. Les Tibétains le disaient déjà : la femme est, l'homme devient.

Le féminin de l'être. C'est la partie féminine particulièrement développée chez certains hommes qui leur donne le désir d'incarner une voie sacrée, de la développer en eux et autour d'eux. Leur dimension spirituelle est avant tout réceptivité, contemplation et compassion. Ils font probablement passer aussi les valeurs d'aide et d'amour avant les valeurs de conquête. Le féminin de l'existence en nous, hommes et femmes, nous invite à être attentifs à ce que j'appellerai la magie centrale de la vie. S'il n'y avait pas de femme extérieure sur le podium de ce colloque, les femmes intérieures de ces hommes se manifestaient continuellement et la réunion tout entière était d'une certaine manière placée sous l'égide du féminin, du réceptif. Car le sacré naît dans le silence de l'attention consciente, quand l'être se fait coupe, et qu'il entre dans l'instant.

La présence intérieure. Le meilleur de ce que peut vivre une salle ainsi réunie passe entre les mots, dans un silence suspendu, léger et plein, la grâce de l'être, ici et maintenant. Que faut-il pour que la porte s'ouvre, pour que nous quittions l'anecdote et que nous coïncidions avec le centre ? Je répondrai : respirer ensemble, s'unifier intérieurement et s'unifier ensemble autour d'une personne qui soit transparente comme un axe de cristal. Le beau mot de recueillement peut traduire cette qualité vibratoire, qui devient aussi certitude. Le miracle de l'être est là, nous sommes remplis d'une présence intérieure, nous sommes ronds. D'autres mots viennent : plénitude, paix, unité. Il n'y a besoin d'aucun dogme, d'aucune croyance, d'aucune autorité religieuse pour vivre cela. Juste de l'abandon, de la simplicité et de l'alignement. La source n'est jamais loin pour personne, elle est même toujours là.
Simplement, nous n'avons pas appris à aller la chercher au quotidien, nous n'avons pas appris à nous abreuver de son eau claire et nous courons comme des fous, comme des insensés avec des désirs fiévreux et des frustrations compulsives. Nous ne savons pas boire à la source de notre félicité intérieure. Troués de culpabilité, nous nous enchaînons volontairement sur la roue de l'esclavage intérieur et extérieur. Notre planète n'en a pas terminé avec l'esclavage extérieur malgré les lois d'abolition de l'esclavage, mais l'esclavage intérieur est un maître infini-

ment plus tyrannique et plus insidieux. La libération intérieure passe d'abord par la guérison des fascinations morbides de l'enchaînement sous toutes ses formes.

Le pouvoir personnel. Comment pouvons-nous nous transformer ? Certes il est important d'entrevoir un but, un visage de soi, une forme de réalisation, de réconciliation, mais combien de nos bonnes résolutions restent inopérantes ? Nous savons ce que nous devrions faire et nous ne le faisons pas. Le mental ne peut pas à lui seul dicter une transformation. Nous avons besoin de convaincre et d'informer d'autres parties de nous-mêmes. Autrement dit, nous ne changeons véritablement que d'un niveau de plaisir à un autre niveau de plaisir. Est-il possible d'introduire cette plénitude de l'être et le sentiment du sacré dans le quotidien de notre existence ?
La démystification décisive consiste à cesser de croire que la grâce viendra d'en haut, qu'elle sera distribuée comme une manne, comme une récompense par une source extérieure. Ce qui veut dire aussi qu'il n'est pas nécessaire de placer des intermédiaires humains, prêtre ou maître, entre la source et moi. Je peux provisoirement demander mon chemin, m'instruire, mais il me faudra toujours reprendre la route de mon initiative et réinventer la solution. Personne ne sait pour moi. L'extérieur reste pour chacun la grande tentation : la solution est ailleurs qu'en moi et je m'en remets à quelqu'un d'autre. Provisoirement oui, pour apprendre, assimiler, imiter, être soutenu. À long terme, non. Rien ne se passera en dehors de ma propre force de créativité. Des uns aux autres nous augmentons notre foi et notre potentiel, mais c'est dans la solitude que nous nous consolidons.

Vivre la verticale dans l'horizontale. Vivre sa plénitude intérieure correspond à une double dimension. D'une part je découvre le sens de la verticale, de bas en haut et de haut en bas, d'autre part je comprends le sens de l'horizontale et de l'expansion. Je m'incarne jusque dans la profondeur de la pesanteur. Je donne à tous mes gestes une attention consciente. Je suis là pleinement, je respire mon action dans la lenteur, je la goûte, je savoure la beauté et la bonté, me cherche avec l'amour. Je me désincarne aussi, immobile et suspendue dans le souffle, je m'élève et je m'allège. À la rencontre de la verticale et de l'horizontale se trouve le cœur, le sens, l'extase. Il n'y a rien d'autre à faire qu'à découvrir et redécouvrir encore et encore ce sens. Les dieux, dit-on, ont caché ce cadeau dans le cœur de l'homme en pensant que l'humanité aurait ainsi bien des difficultés à trouver sa divinité. Mais nous sommes dans une époque où le secret est éventé. Et le secret se divulgue des uns aux autres à une vitesse bondissante. Nous sommes sur le chemin d'une jonction sans précédent.

Il ne s'agit pas là d'une affirmation théorique mais d'une constatation née de la pratique. Dans certains séminaires, des personnes qui n'ont jamais abordé la vie intérieure découvrent en eux des ressources, un contact avec leur propre centre. Ils sont tout surpris parfois de pousser si aisément cette porte. Les yeux changent. L'être se sent grandir. Comme si une noblesse nouvelle se posait sur lui. Comme s'il avait retrouvé son milieu d'origine.

Puis la personne rendue au monde du travail, à son milieu familial perd progressivement la voie d'accès à ce ressourcement, perd même jusqu'au souvenir de cette possibilité. L'obstacle principal se trouve dans cette amnésie récurrente. Comme si aucune croyance culturelle n'était suffisamment présente dans la conscience collective pour fournir une implantation favorable à ce surgissement individuel. Ce n'est d'ailleurs pas si étonnant puisque les traditions placent le sacré à l'extérieur de l'humain, en dehors du corps et de la chair et par-delà tout recours individuel. Vivre son corps avec ferveur, honorer sa propre essence est une attitude très contemporaine et bien peu enracinée culturellement. L'état actuel de la civilisation à la fois favorise ce passage et lui fait obstacle. Les vieilles valeurs s'effondrent mais la pression de la consommation, la surabondance des stimulations de tous ordres décentrent, diluent la concentration en direction de l'intérieur.

Il est difficile de ne pas se laisser gangrener par la multiplication de désirs illusoires. Beaucoup de gens souffrent ainsi d'une sorte d'éclatement permanent. Est-il possible d'adopter une hygiène personnelle qui préserve l'essentiel, c'est-à-dire l'essence du ciel. La première chose qui puisse être faite consiste à formuler cette exigence d'une solitude verticalisée au moins une vingtaine de minutes par jour pour ressentir sa ferveur intérieure. Chacun peut inventer sa manière de le faire, une promenade, une méditation assise, une contemplation, une écoute, une prière, un silence... À partir de là, tout change, une journée est ainsi inspirée au propre et au figuré.

Les trois bougies et la voie du milieu. L'opposition entre le profane et le sacré correspond à une dualité soigneusement entretenue, en même temps que l'opposition bien et mal. Dans mes séminaires j'allume trois bougies pour recevoir en permanence cette imprégnation de l'enseignement du trois. Tout est possible, rien n'est interdit. Très souvent, nous sommes bloqués dans l'un des pôles et nous souhaiterions ne rien avoir à faire avec le pôle que nous vivons comme opposé. Nous sommes des tolérants, nous avons raison, nous ne voulons pas connaître notre intolérance, nous ne voulons pas non plus avoir tort ; évidemment, la vie se charge bien de nous précipiter d'une façon ou d'une autre dans cet aspect auquel nous résistons pourtant de toutes nos forces. D'un pôle à l'autre nous sommes basculés, bousculés, nous nous racontons des mensonges sur nous-mêmes. Jusqu'au jour où, par la grâce d'une épreuve, d'un livre, d'un enseignant, d'un passeur, nous trouvons la voie du milieu et nous espérons très fort que cet état d'unité, de réconciliation, de paix durera toujours. Mais nous le perdons à l'instant où notre peur nous fait nous agripper ; alors le manège recommence. Nous sommes à nouveau précipités dans un pôle et puis l'autre. Nous ne pourrons rien faire d'autre qu'apprendre à entrer et à sortir toujours plus souplement de chacun de ces trois états. La vie est changement et il est illusoire de s'accrocher à une permanence d'état. Mais nous pouvons garder une foi permanente, une confiance dans les alternances, un plaisir dans la diversité du changement. Tout devient alors expérience, détachement au sein même de l'attachement, accueil de tout ce qui est.

Le corps de l'humanité

Annick de Souzenelle

Annick de Souzenelle œuvre depuis des décennies, par ses livres et ses conférences, à nous rendre plus proche le message essentiel de la Bible. Elle le décrypte pour nous, et des ouvrages tels que Le Symbolisme du corps humain, L'Égypte intérieure *ou* Le Féminin de l'être *(éd. Albin Michel) sont de vraies mines d'or spirituelles.*

L'homme, parmi tous les animaux, n'a-t-il pour seule vocation de procréer comme eux et, au-delà d'eux, d'aménager la nature pour le plus grand bonheur de tous ? Lorsqu'on constate l'échec assez tragique de ces réalisations, on est en droit de se poser la question fondamentale que se sont posée toutes les civilisations, depuis la plus haute antiquité : qu'est-ce que l'homme ? Chacune a répondu en allant puiser aux sources de sa tradition et en y découvrant une approche mystérieuse, car toutes parlent du « mystère » de l'Homme dans le sens d'un noyau de l'être comparable à celui que nous commençons de connaître en l'atome de la matière, tout en en reculant continuellement les limites.

– « Tu es Cela », dit l'Inde, en posant en ce mot l'indéfinissable, l'innommable.
– « Je suis en devenir d'être », est-il révélé à Moïse dans la Bible.
– « Né de Sa semence », de la semence d'Allah, dit l'islam.
– « Traversé du Tao », dit la Chine, traversé de la « voie » qui doit le faire naître « par le sommet du crâne », comme Pallas Athena naissant du crâne de Zeus chez les Grecs, comme Abraham invité par le Dieu de la Bible à aller « jusqu'au bout de lui-même », c'est-à-dire, à travers le peuple hébreu, jusqu'au Golgotha, lieu du crâne, d'où le fils de l'Homme – « Je suis » – ressuscite, étincelant de lumière.

Aujourd'hui, alors que l'Occident a fait fi de sa tradition, ne doit-il pas se remettre en question devant elle pour apporter une réponse salvatrice à cette immense question sur l'Homme, sur le sens de sa vie et son devenir.
Il ne trouvera pas la réponse dans les lectures et interprétations réductrices, et donc aliénantes, que nous avons faites jusqu'ici de nos livres sacrés, mais en l'Homme lui-même, dans une intériorité retrouvée dont ces textes - traduisent à l'extérieur ce dont il est constitué à l'intérieur de lui.
Le moment est peut-être venu de découvrir l'unité profonde qui recouvre ces deux pôles et, dans cette perspective, la dimension traditionnelle des sciences et la valeur hautement scientifique de la tradition.
L'objet de cette dernière n'est pas tant relatif à un passé historique qu'à une mémoire vivante d'un en-deçà de l'historique, dans un héritage génétique inscrit en tout être et porteur d'une programmation exigeante. N'est-ce pas en elle que nous allons puiser, chaque nuit, dans ce qui n'est ni le sommeil ni l'éveil mais cet état si mystérieux appelé « sommeil paradoxal » où se forme le rêve ?

Et nous savons que sans le rêve, mémorisé ou non, nous ne pourrions pas vivre.
En cette programmation est le secret de l'autre vocation de l'Homme, autre par rapport à celle de l'animal, que l'animal exprime dans sa force, par le cri. La force de l'Homme est dans son verbe qui bien souvent est en effet réduit au cri de l'enfant arrivant au monde ou à celui de l'animal blessé et souffrant !
Mais du cri au verbe en passant par la fonction parolière, dans cet espace présent en chacune de nos cellules, est inscrite une histoire grandiose que l'Homme ne joue pas.
Or l'Homme dispose d'une somme fabuleuse d'énergies pour réaliser ce jeu.

« La vie, disent aujourd'hui nos physiciens, est la réalisation d'un potentiel d'énergies ». On peut penser que la non-réalisation de ce potentiel est source de maladies, voire de mort. Et l'on est tellement identifié à cette loi de l'entropie – comme si elles nous était naturelle et inévitable – que l'on a traduit notre texte biblique rendant compte de ce potentiel dans une projection mentale liée à cette certitude, comme étant le mal. Il s'agit de l'Arbre de la Connaissance dont la juste traduction est : connaissance de ce qui est accompli – devenu lumière (néguenthropie) – et de ce qui ne l'est pas encore. Ce qui ne l'est pas encore est ténèbres, inconnu, voilé – autant de termes qui expriment une attente, un expir avant un inspir, un soir avant un matin, mais non le mal.
La connaissance est alors une immense acquisition partant de ce potentiel que nous appellerions aujourd'hui l'inconscient, et allant vers le conscient ; ceci dans un espace intérieur à l'Homme appelé « jardin de jouissance », car la jouissance préside à ce « grand œuvre » ; elle prend source dans une puissance érotique grandiose qui fonde l'esprit de l'Homme et qui ouvre

en lui des champs de conscience nouveaux et libérants. Cette puissance transcende l'Homme, elle est d'ordre divin.
L'érotisme épuisé et banalisé à l'extérieur détruit ; sacralisé (vertèbres sacrées) et investi en partie à l'intérieur de l'Homme dans les épousailles secrètes des deux pôles lumière-ténèbres de l'Arbre de la Connaissance qu'il est, il conduit l'Homme jusqu'au bout de lui-même dans une « totale lumière » qui est joie, voire ivresse.

Du corps physique que nous connaissons et qui manifeste l'esprit, à l'esprit lui-même, est cet espace dont je vient de parler ; il est riche d'un potentiel d'âme qui, s'il est accompli par la puissance de l'esprit, fait la vie et conduit au verbe ; inaccompli mais constitué d'énergies autonomes, il se retourne contre l'Homme et le détruit. C'est la maladie... et le cri !

Le corps se présente alors comme une immense matrice à faire la vie, la vie d'un autre moi que celui qui nous est connu, dont on est amené à faire l'expérience et qui demande à naître ; il est le *Cela* des Upanishad, le *Je suis* de la Bible, et Semence d'Allah ; l'accomplissement du Tao !
Dans cette vision de l'Homme total – corps, âme, esprit – chacun des organes du corps a une fonction très spécifique qui est la manifestation d'une fonction beaucoup plus subtile répondant à l'essentielle vocation de « maternité » de l'Homme, bien connue de l'acupuncture chez les Chinois, et de toute médecine traditionnelle comme celle des Amérindiens, que notre suffisance intellectuelle a tenté d'effacer. Cette fonction matricielle du corps est répartie en trois étapes de travail.
– Une première étape, qui va des pieds jusqu'aux hanches, correspond au travail de l'enfance et de l'adolescence.

– Une seconde étape, des hanches jusqu'aux épaules, est assumée à l'âge adulte.
– Une troisième plus mystérieuse, concerne la tête.
Ces trois parties du corps sont homologues. En des termes que le sceptique appellera « poétiques », mais que l'Homme dont l'hémisphère droit du cerveau est ouvert qualifiera de « scientifiques », on peut dire que :
– les pieds, les reins et les oreilles (même forme de germe) entendent ;
– les genoux, les poumons que prolongent les mains, et les yeux voient ;
– les fonctions uro-génitale et audio-vocale créent.
On peut dire encore que, selon les étapes de sa vie, l'Homme devenant conscient assume une première matrice – d'eau – au niveau du ventre (je l'appellerai « plexus lunaire »), puis une deuxième matrice – de feu – au niveau du thorax (plexus solaire) ; enfin, une troisième matrice au niveau du crâne, dont la moelle épinière qui s'y épanouit (enveloppée de la « pieuse-mère » et de la « dure-mère » !...), est une image du mariage de l'eau et du feu dans un « électro-magnétisme » achevé en une unité qui ne relève plus du corps physique.
Les Anciens savaient tout cela, qui ont donné à nos organes des noms traduisant la fonction subtile de chacun d'eux. Les Chinois eux-mêmes appellent ces trois matrices « champs de cinabre », sachant que là mûrit dans le secret ce qui va faire la grandeur de l'Homme.

Si nous écoutions la sagesse du corps, nous apprendrions toutes ces choses, car il parle, ce corps ! Il parle dans la jouissance (ô combien !) malgré que nous ne fassions guère encore que l'expérience d'un tout premier étage de ce « surcroît de vie », de sa puissance créatrice et reconstitutive d'énergies dispersées, mais plus souvent, hélas, dans la souffrance !

Dans cette perspective, celle-ci ne se présente pas en ennemie, mais en messager des plus grandes profondeurs de l'être, qui vient de permettre au malade de se responsabiliser devant son état de santé et d'agir dans le sens du message.
Le combat à mener n'est plus contre un ennemi mais avec un adversaire qui nous plonge dans le potentiel à accomplir.
Le troisième âge, enfin, n'est plus le temps d'un deuil sans retour ; il peut être un printemps, mais bien sûr, à un autre étage de l'être où la programmation continue de jouer dans un nouveau registre que bloquent trop souvent nos peurs de vieillir ou celles de contracter « par hasard » une maladie d'insupportable dégénérescence. La vraie sagesse du corps donne place non au hasard, mais à une logique qui ressortit à un niveau de réalité agissante, même si nous n'y avons pas encore atteint consciemment, et pour y atteindre !

Ce que je rappelle ici et dont je me suis fait le chantre toute ma vie, je voudrais aujourd'hui en reprendre les termes pour parler du corps de l'humanité et tenter de situer l'étape que nous vivons actuellement dans le collectif en fonction de ce que dit le corps si souffrant, si malade ; car ce qui est vrai au niveau d'une personne l'est aussi au niveau du collectif.
L'humanité engloutie dans les eaux de sa première matrice est encore totalement étrangère à elle-même, au *Cela* des Upanishad, à la dimension du Tao de la tradition chinoise, et plus encore au *Je suis en devenir* des hébreux. Gardons cette dernière appellation propre à notre tradition occidentale, dans le cadre de cette étude et constatons à quel point nous nous trouvons coupés de notre plus grandiose réalité.
Nos physiciens de la physique quantique ont acquis la

certitude que les particules les plus élémentaires de la matière n'obéissent que très partiellement aux lois de notre espace-temps ordinaire, mais beaucoup plus à un ordre sous-jacent au nôtre et dont ce dernier serait l'expression ; ils soupçonnent un « sur-univers » qu'ils qualifient d'« univers replié » ou « impliqué », par rapport auquel le nôtre serait l'aboutissement connu du « déplié » ou de l'« expliqué » de celui-là. Ce « sur-univers serait habité de particules de masse nulle et de vitesse supérieure à celle de la lumière, appelées « tachyons », et le physicien Régis Dutheil, dans L'Homme superlumineux (éd. Sand) affirme que, s'il y vivait, il serait un perpétuel *Je suis*. Sans doute cet homme, décédé il y a quelques mois, ne connaissait-il pas l'hébreu et, dans ce cas, ne savait-il pas que le présent du verbe être dans cette langue, est le Saint Nom YHWH dont la semence fonde le grand Adam, l'humanité et chacun de nous qui est un « Adam ». Tous, nous sommes saisis dans une dynamique grandiose, programmée dans notre corps et dans le corps d'Adam depuis le *Je suis en devenir* que nous sommes jusqu'à atteindre au *Je suis* totalement accompli.

Ce « sur-univers » est donc en nous, dans le germe fondateur de chacun, à l'Orient de l'être, dans son « principe » ; il est aussi dans le principe de toute chose. C'est pourquoi l'apôtre Jean ouvre son évangile sur le *Bereshit* qui lui-même ouvrait le livre de la Genèse, en disant : « Dans le principe est le Verbe. » Le Verbe de Dieu est en nous le germe divin fondateur. Son nom, *Dabar* signifie et le « Verbe » et la « chose » ; et c'est une loi ontologique que d'énoncer qu'une chose n'est pas en soi, mais dans sa relation au verbe qui la fonde et qui l'informe.

C'est alors une des plaies, une des maladies les plus graves de notre époque que d'avoir coupé chaque chose de la semence divine qui lui donne vie, c'est-à-dire de l'avoir désacralisée. L'Homme faisant partie de ces « choses »

alors chosifiées signe sa condamnation à mort ; il signe la condamnation de la Terre entière ! Car le mot *Dabar*, dans ce cas, nous révèle sa face sombre : il est alors prononcé *Deber* et se traduit par la « peste ». Nous créons la « peste » (au sens général de « maladie ») en désacralisant toute vie, et si nous ne rectifions pas au plus vite cette situation qui voit poindre sa phase terminale, nous allons vers les plus graves dangers. Dans cette logique de mort, notre planète n'a guère plus de trente ans de survie (chiffre donné par WWF aujourd'hui).
Mais n'y a-t-il pas une autre logique ?

Tragiquement pessimiste, Freud considérait l'Homme saisi entre deux forces contradictoires, la pulsion de vie et la pulsion de mort, Éros et Thanatos ; autrement dit, une force néguentropique informationnelle : l'Éros, et l'autre, une force entropique qui tend à tout stabiliser dans une attraction vers le bas : Thanatos ; pour lui, la pulsion de mort est refoulée et s'exprime en agressivité et en désir de tuer. La pulsion de vie est celle de la créativité et de l'action.
Mais on peut alors se demander pourquoi nombre de mourants, dans leur dernier instant de vie, reçoivent d'étonnantes informations, et pourquoi ceux qui font l'expérience de NDE reviennent à la vie après avoir fait une percée vers l'un de ces autres niveaux du réel dont nous avons parlé plus haut ; ils sont alors doués d'une connaissance nouvelle qui est conscience.
La conscience semble donc être cet aspect de l'Éros qui dépasse toute mort : elle est la réalisation soudaine d'un potentiel présent en tout être et permettant à celui-là de participer par une intelligence et une sensibilité nouvelles à un nouveau champ du réel. Cette autre qualité du réel dont l'Homme peut alors faire l'expérience dans les morts-résurrections successives de son être intérieur pen-

dant sa vie, l'amène à participer dans une autre espace-temps, puis d'un autre encore jusqu'à la « terre promise », l'espace-temps de *Je suis* – ou plus exactement l'espace seul de *Je suis,* car alors il n'y a plus de temps.
L'éminent père de la psychanalyse réduisait l'Éros à un pansexualisme d'ordre génital et procréateur rendant l'Homme incapable d'émerger de la matrice d'eau décrite plus haut. Mais l'Éros est justement la puissance de l'esprit, inséparable du verbe fondateur inscrit en l'Homme en son Principe et lui donnant force de mutations afin d'atteindre à *Je suis*. L'esprit peut éveiller l'Homme à la conscience de son ontologie ; il peut le conduire vers sa matrice de feu en laquelle il réalisera l'immense potentiel qui lui est confié (tel un héritage spirituel qui attend au fond d'une banque fermée dont on aurait perdu la clé.)
L'esprit en l'Homme uni en l'Esprit Saint de Dieu peut faire retrouver cette clé ; apprenant à s'en servir pour assumer ses mutations, l'Homme peut sortir des eaux et aller vers la Terre promise.

L'Humanité en est à cette étape. Elle doit retrouver cette clé et apprendre à s'en servir, mais le retournement nécessaire à ce Grand Œuvre est radical. L'Humanité est appelée à une percée de conscience qui l'amènera à resacraliser toute chose.
Derrière le refoulement sexuel auquel Freud a porté secours, le médecin, si génial qu'il ait été, n'a pas su diagnostiquer le profond refoulement spirituel qui se cachait derrière celui-là ; il n'a pas su réinvestir les énergies libérées dans cette plus haute part de l'Éros et n'a donc pas libéré l'Homme, car les énergies sexuelles se sont aliénées la plupart du temps d'une autre façon. Mais touchant à la sexualité, donc à cette part de l'Éros, Freud a mobilisé l'esprit en l'Homme. Sans le savoir, il a donc mobilisé le verbe, inséparable de l'esprit, et c'est une nou-

velle identité de l'Homme qui aujourd'hui est à la recherche d'une qualité de l'éros qui ne peut s'investir que dans le spirituel et qui resacralisera la sexualité.

Il n'est plus temps de se demander si le XXIe siècle sera spirituel, mais il est urgent de répondre à la question et de participer à un renversement total des valeurs pour créer une dynamique de vie vers le « principe » qui sera « fin », Alpha et Oméga, *Je suis*.

Approche du sacré

Marie-Madeleine Davy

Marie-Madeleine Davy a toujours cultivé la lucidité et le non-dogmatisme, que ce soit en tant que maître de recherches au CNRS ou en tant qu'auteurs d'ouvrages fondamentaux dont Le Désert intérieur *(éd. Albin Michel) est devenu un livre culte pour des générations entières en quête de sens.*

Le sacré peut s'envisager sous différents aspects. Personnellement, je pense son emploi tout à fait indépendant des religions. Je dirais même que la manière dont il est présenté par les différents mouvements, chrétiens ou orientaux, risque de le dénaturer.

L'essentiel est de comprendre que le sacré s'apparente au mystère. Or le mystère s'approche plus ou moins. Dans le meilleur des cas, certains êtres humains vivent dans une atmosphère sacrée. À commencer par la nature sacralisée. D'une façon générale, il est possible de dire que le sacré n'est pas témoigné par la parole ou l'écriture. Le silence, le non-dire le véhiculent et l'enveloppent.

Serait-il normal de vivre constamment dans le sacré ? Ceux qui le pensent peuvent devenir la proie d'une illu-

sion consciente ou non, en tout cas fugace. Sans doute est-ce par instants que des êtres humains pénètrent dans le sacré ou en reçoivent la visite.
Interrogeant une *Concordance*, le terme *sacré* se trouve plusieurs fois indiqué dans la Bible. L'Évangile n'y fait qu'une allusion. Voici le relevé de ces références d'après la *Concordance* :

Ex 28, 2	tu feras à Aaron des vêtements sacrés...
Lv 8, 9	il plaça la lame d'or, diadème sacré...
Nb 31, 6	Phinées portait les instruments sacrés...
Ps 29,2	prosternez-vous devant l'Eternel avec des ornements sacrés...
Pr 20, 25	prendre à la légère un engagement sacré...
Jr 11, 15	la chair sacrée disparaîtra devant toi...
1 Co 9, 13	ceux qui remplissaient les fonctions sacrées sont...
Mt 23, 17	le temple rend cet or sacré

Des tendances modernes suscitent l'étonnement sans toutefois aboutir à la moindre condamnation. Quelques exemples peuvent être cités.
L'importance conférée au nombre. Or la multiplicité ne garantit pas la valeur, elle la détruit. En effet, elle constitue un élément de banalité. De ce fait, elle apporte une sécurité aux faibles en supprimant l'isolement.
Autrefois, l'ermite choisissait la solitude. Actuellement certaines exceptions s'imposent, cependant elles ne sont pas fréquentes. L'ermite reçoit de nombreuses visites. Les ermitages deviennent des lieux attirant non seulement des pèlerins mais des curieux dont la générosité s'avère utile.
La solitude est de plus en plus dévalorisée. Des monastères correspondent à des hôtelleries. Moins coûteux que les hôtels, ils ont un plus grand succès.
Jadis voués à la prière et au travail intellectuel et manuel, des monastères font volontiers venir des conférenciers du dehors. À cette occasion, ils reçoivent de nombreux auditeurs.

L'évolution religieuse a son importance. Toutefois, elle peut ne pas retenir l'attention. Elle ne jouit d'aucun monopole et sans doute ne cesse de se dégrader.
Les valeurs spirituelles sont rigoureusement *indépendantes* du religieux.
L'approche du sacré résulte de la présence de l'Invisible. Présence entièrement gratuite. Celle-ci ne se mérite jamais. Dans chaque cas, elle se montre neuve. Lorsqu'elle éclate, l'individu est modifié. L'âge s'efface. Transfiguration du visage, en particulier du regard.
Tout d'un coup, l'être humain se trouve placé dans un état différent. Cette soudaineté est à retenir. On ne saurait parler d'une préparation antérieure. Le passage se montre immédiat, inattendu, impossible à décrire après sa venue. Aucun rapport ne peut s'établir avec ce que certains auteurs nommeront *initiation*.
Cette transfiguration peut être témoignée par ceux qu'elle a bouleversé durant quelques instants.
Peu à peu, avec le temps, le souvenir d'avoir assisté à une transfiguration semble s'atténuer. Il demeure vivant. Sa réalité ne devient pas le sujet d'un doute, d'une interrogation.
Il ne s'agit pas de consentir ou de refuser. Aucun choix n'est possible. Une passivité subtile s'impose.
Celui qui a été la proie, le bénéficiaire de ce phénomène, n'a pas à souhaiter sa répétition. Son désir serait totalement vain.
Supposons que cette visite du sacré s'opère lors d'une conférence. Dans le public, seulement quelques personnes se montreront susceptibles de le remarquer. L'accueil de cet accès au sacré ne concerne qu'un tout petit nombre. Un seul regard peut en témoigner.
Lors d'une visite chez quelqu'un, cette brève transfiguration peut avoir lieu. Sans doute est-il préférable de ne pas la faire remarquer. La discrétion s'impose.

Le bénéficiaire du contact avec le sacré se rend-il compte de la nouveauté d'un état passager ? Il éprouve le sens d'un changement, mais il n'a pas à se demander si celui-ci est perceptible au dehors. Cette gratuité ne l'autorise pas à en tirer un banal orgueil. Il ne subit aucune vanité subtile. Le rapport avec le sacré transforme. De ce fait, les propos concernant la transfiguration de Jésus éclaircissent la question.
Les travaux du théologien allemand et philosophe des religions Rudolf Otto (1860-1937) ainsi que ceux de Mircea Eliade évoquent tout un passé concernant le sacré appartenant à l'ordre mythique. Armand Abécassis retient « Les fêtes juives de Roch Hachanah à Pourim » dans *Les Temps du partage* (t. II, éd. Albin Michel, Paris, 1993), tout en insistant sur leurs rapports avec les saisons de la nature. Ensuite, les chrétiens recueillent cet héritage et leur liturgie se transforme. Plus les religions sont primitives, plus la *sacralité* leur appartient. Les rites qui durant longtemps ont accompagné les dieux de la fécondité et de la végétation n'ont pas été repris par la pensée judéo-chrétienne.

Le musicien Jacques Porte, dans l'*Encyclopédie des musiques sacrées* (éd. Labergerie), a dénoncé le mélange entre la « substance et l'essence de la musique ». D'où l'oubli d'une sonorité capable d'initier aux mystères, d'opérer une osmose entre le mobile et le permanent, le visible et l'invisible. Sorte de « transfusion du divin ».
« Éveiller les endormis », telle est la mission de la musique sacrée, du chant et de la prière liturgique dans les différentes traditions et religions. Les divers chemins conduisant à l'essentiel possèdent leurs sonorités particulières. Ils magnifient les particularités des races tout en conservant leurs spécificités.
Au-delà des sons, se situe le silence. Son originalité consiste à ne pas subir les modifications reliées à l'histori-

cité, à l'évolution modifiant les formulations et présentations des religions.

Il faut toujours citer les personnages aux « oreilles déployées » de la basilique de Vézelay. Les immenses oreilles ressemblent à des ailes. Elles signifient la perception de l'Invisible, un dépassement des sons.

Est-il possible de parler d'extase ? Mircea Eliade mentionne l'*enstase*. Seule la brièveté du silence permet d'échapper à la folie et à la mort. Tout silence équivaut à un au-delà, une ascension. Visites brèves ou durables. Soleil intérieur plus ou moins brûlant. Évoquer le *surnaturel* serait une erreur. Les comparaisons entre les religions ne sauraient subsister.

La qualité de son silence correspond à la valeur d'un être. Ne pas oublier la parole prophétique d'Isaac le Syrien : « Le silence est la parole du siècle à venir », à laquelle correspond le texte de l'Apocalypse (1, 8) : « Je suis l'alpha et l'oméga. »

Une surprenante originalité survient. Elle est totalement imprévisible. Désormais, la nourriture ne va plus dépendre de la terre. L'air l'engendre, durant *quarante* ans, sous la forme symbolique de manne et de cailles (Exode 16, 31). « Voyez, écrit Philon, comme Dieu a nourri nos ancêtres, par centaines de milliers, dans leurs pérégrinations à travers un désert non frayé mais absolument stérile, tout comme si c'était une contrée des plus riches et fertiles. » Ainsi Israël est initié à la philosophie et la sagesse. Le passage par le désert intériorisé engendre une béance.

En dehors du savoir et de la connaissance, la rencontre avec le sacré s'opère. Tout est gratuit. La durée ? Sans doute quelques fragments de secondes... L'effet : un éblouissement !

Pénétrer volontairement dans le sacré n'appartient pas à l'être humain. Certes, il peut le croire et devenir ainsi la proie d'une vague d'illusions.

Du fait des erreurs commises durant l'existence, la vie a peu à peu acquis une lourdeur, un poids plus ou moins soulevable par la pensée. L'existence s'étend, s'éparpille, se diffuse, s'étale... Il est impossible d'en rassembler le souvenir en raison des phases différentes qui la composent et l'alimentent.
Semblable au souffle d'un vent violent, l'irruption du sacré surgit subitement : rien ne lui résiste. À cet instant privilégié qu'on ne saurait provoquer, l'existence devrait perdre le souvenir de sa lourdeur. Elle s'affine. Le sujet n'est plus divisé. Le sacré allège. Ne pas oublier le fameux jugement du cœur opposé à une plume d'oiseau.

Par ailleurs, le sacré doit comporter un effet inusité, totalement inattendu. Toujours neuf, il opère sans pour autant se renouveler. Il ne peut que surprendre.
Un deuxième facteur témoigne du sacré. Il efface le temps et la durée, propulse dans l'inédit, l'inconnu. Interrogé, le sujet peut-il avouer avoir été visité par le sacré ? La réponse semble très délicate et nuancée.
Seul le vrai silence s'adapte à l'interrogation. C'est pourquoi le sacré échappe au dire, parole écrite ou prononcée. À chacun de ces passages, il opère dans la *nouveauté*. Sans doute serait-il important, avant le décès, de supprimer tout ce qui a trait aux fêtes et anniversaires. Mais cela ne peut se produire que dans le recul apporté par le temps, c'est-à-dire dans la vieillesse...
Épiloguer sur le sacré ne convient pas à l'être humain. La rencontre avec le sacré ne supporte aucune glose. C'est pourquoi les auteurs d'articles consacrés au « sens sacré de la vie » retiennent volontiers et considèrent des sujets différents.

Conclusions

Qu'y a-t-il pour vous de plus sacré ?

Arnaud Desjardins
Chaque situation est sacrée...

Je puis dire que j'ai longtemps été animé par la distinction du sacré et du profane dans tous les domaines et ressenti la différence qui existe entre l'art profane et l'art sacré, entre un bureau, un magasin, un restaurant... et un monastère, un ashram ou une confrérie de soufis réunis autour du maître dans la *khanaqa*. Aujourd'hui, je vois les choses différemment et ce qui m'apparaît important, c'est d'apporter le sens du sacré partout, même dans les détails les plus ordinaires de l'existence.
Chaque situation est sacrée parce que c'est au cœur de cette situation, ici et maintenant, que nous pouvons nous sentir en relation avec la réalité ultime telle que nous la concevons. Toutes les voies sont unanimes pour insister sur cette réunification consciente dans le ici et maintenant. Et, dans ce justement célèbre *ici et maintenant*, il ne peut plus y avoir de distinction entre le profane et le sacré.
Le sacré est toujours en nous, au cœur de notre cœur, et c'est notre regard qui fait d'un aspect ou d'un autre du monde phénoménal une réalité tout à fait banale ou

un lieu et un moment pour sentir la présence de Dieu en nous.

Stan Rougier
C'est inépuisable, cette histoire !

Merci pour la question qui est très belle. Mais quelle réponse donner ? C'est inépuisable cette histoire ! Vous allez repartir en restant sur votre faim. Je dirais volontiers : la vie, *ta* vie ! Ce qu'il y a en nous d'éternel et de divin. Quand les hindous se saluent, je pense qu'ils veulent dire « le divin qui est en moi salue le divin qui est en toi ».

Je crois qu'il y a des moments dans l'existence où l'on ressent plus profondément cela. Devant un petit enfant qui vous regarde, des amoureux qui se contemplent, quelqu'un qui est en train de mourir. On a alors le sentiment du caractère sacré de la vie. Je crois que le sacré est dans la relation.

Du temps de Moïse, le peuple hébreu représentait Dieu par un espace entre les ailes des *Chérubîms* (les lions ailés). Entre les ailes il y avait un espace vide et Dieu était présent dans cet *entre-deux*. Pour moi, le sacré est l'*entre-deux* des visages qui se regardent avec attention et tendresse. Le sacré est dans l'échange (si cet échange est de respect, d'attente, de reconnaissance) qu'il y a entre deux êtres qui vont l'un vers l'autre. Bien sûr, le sacré c'est Dieu, mais Dieu est amour. Au commencement était la Relation.

Jacques Salomé
Sans hésitation, c'est la vie

Sans hésitation, je peux répondre : le plus sacré pour moi, c'est la vie. Sous toutes ses formes, sous toutes ses apparences, avec toutes ses contradictions.

La vie triomphante, ruisselante de vivance, de générosité et d'ardeur. La vie blessée, traversée d'injustice, meurtrie par toutes les violences, morcelée de tous ses avatars.

Toute la vie. La petite parcelle de vie reçue en cadeau à ma conception comme la vie infime ou infinie, telle que je la ressens dans cet univers qui m'émerveille et m'inquiète à la fois. La vie maladroite, tâtonnane, incertaine, remplie de doutes, d'imperfections et parfois d'erreurs. Cette vie dont je me sens de plus en plus responsable, co-auteur.
Tous les matins, je tente de ne pas oublier d'offrir un geste, une pensée, un élan à la vie de la journée qui s'annonce. Tous les soirs avant de m'endormir, je m'interroge : « Ai-je blessé, ai-je disqualifié ma vie aujourd'hui, la mienne, celle des autres ? »
Cette attention, cette vigilance me paraissent d'autant plus nécessaires, vitales, que pendant longtemps j'ai ignoré, maltraité, dévalorisé la vie qui m'habitait, comme celle qui m'entourait. Cela me paraît d'autant plus urgent que je pense que la vie se dévitalise à une vitesse terrifiante ; qu'il y a me semble-t-il moins de vie dans les six milliards d'hommes et de femmes qui peuplent notre planète que dans le seul milliard qui l'habitait en 1800 ; qu'il y a une mission implicite pour chaque être humain : revitaliser la vie qui l'entoure, de lui redonner sa splendeur, sa force, sa joie, son dynamisme.
Nous recevons en dépôt, au début de notre existence, une graine de vie, il nous appartient de la laisser croître, de la cultiver, de l'agrandir et e l'enrichir pour laisser en héritage à nos enfants, aux générations futures, à la terre qui nous a accueillis, plus de vie que nous avons trouvé.

Robert Faure

Un certain silence…

Un silence désencombré de toutes mes attentes, de toutes mes illusions et peurs, de tout mon passé et de tout mon avenir. C'est un état de complicité, d'entente secrète et fragile que je ne peux décrire sous peine de le détruire. C'est le lieu du secret, de l'intimité. Lieu qui se cherche et

qui est plus vite perdu que trouvé.
Quels sont les relais, les intermédiaires qui me permettent de remonter le courant vers ce lieu ? Le premier fut pour moi la foi dans ce qui ne se voit pas. Habituellement, les choses sont là et il me semble que pour les comprendre il suffit de les nommer. En les nommant, j'ai un peu de cette merveilleuse illusion de les tenir, de les contenir : ma main, mon enfant, mon avenir, etc. Mais lorsque mes questions et mes calculs cessent, un espace silencieux et sacré s'installe qui ne m'appartient plus. Alors seulement je peux prudemment visiter cet espace. Si je ne visite pas mon corps, mon avenir, mon enfant..., comment puis-je dire que je l'aime ?
Le second relais fut lorsque je voulus ajouter une parole à ce silence-là. On appelle cela prier. De nombreuses religions enseignent : « Évoque le sacré, évoque Dieu dans ton cœur. » J'ai donc pensé à cela. Et je me suis dit : « Comment évoquer Dieu dans mon cœur si je n'évoque pas d'abord le lieu où il doit être ? » Un jour, je suis donc entré dans mon cœur et j'ai porté sur lui un autre regard, je l'ai baptisé. Je lui ai dit : « À partir de ce jour, tu es ma maison, ma demeure, le lieu de mes rencontres, l'origine de mes sourires, la prunelle de mes yeux.
Le plus sacré pour moi tient dans ce secret : un regard de tendresse est une reconnaissance, une visitation. Se reconnaître d'abord puis, sans doute après, reconnaître le cœur des êtres, des choses, des situations... Parfois même certains visages deviennent un sacrement. Cela est sacré.

Jean Letschert
Un instant de grâce

Pour moi, le sacré se vit dans une certaine qualité de présence, qui transcende le particulier. Cela peut se manifester dans les yeux de quelqu'un, dans le sourire d'un enfant, quelque chose qui surgit de l'indéfinissable, par surprise. En Inde, par exemple, on croise des êtres qui vivent dans des conditions économiques épouvantables, inimaginables selon nos critères de pouvoir d'achat. Leur situation semble irréversible. Et vient cet instant miraculeux qui fait que, dans leur misère absolue, surgit le plus radieux des sourires, un épanouissement et un cadeau du ciel. C'est un véritable instant de grâce en lequel toute trace de malheur disparaît, et la personne tout entière est transmutée par une présence qui vient d'ailleurs. Le sacré est intimement lié à la grâce. Il n'y a pas de sacré sans grâce. Le sacré, c'est la grâce devenue tangible et physique à nos yeux, à tout notre être.

Dans ce vécu du sacré, il y a toujours une profonde perception d'un silence, de quelque chose d'inaltérable même s'il s'agit d'une petite chose qui passe comme ça, furtivement. L'Éternel peut être très furtif, instantané dans un moment de stupeur. Comme la fleur qui, lentement au bout de sa tige, arrive à son stade d'épanouissement qui durera un instant, et puis elle se mettra lentement à se faner. Le sacré est cet épanouissement de l'instant de grâce de la fleur, de tout geste, de tout visage qui se trouve transfiguré par cette présence qui s'enlacent. Tout juste à ce moment-là, l'éternité vient de se poser.

Cheikh Khaled Bentounes
Le sacré ne peut être connu que par lui-même

Je ne peux m'empêcher là aussi, de faire le parallèle avec une histoire soufie. On demanda un jour à un maître soufi qu'elle était la meilleure nourriture. Il répondit : « Celui qui a faim trouve bonne la première nourriture qui le rassasie. » On lui demanda quel était le meilleur des vêtements, il répondit : « Celui qui vous protège de la rigueur du froid et de la brûlure des rayons du soleil. »

Le sacré, quant à lui, ne peut être connu que par le sacré.

Pour chacun de nous il symbolise ce que nous tenons en plus haute estime, ce qui nous est le plus cher et le plus pur selon les différentes approches spirituelles et intellectuelles que nous avons de lui.
Pour les soufis, le sacré comporte des degrés. Le premier est la vie, car sans elle c'est le néant. Elle est le premier don divin qu'a reçu l'être. Le deuxième degré dont l'homme a été honoré est la raison, celle qui le distingue des autres créatures et le rend apte à comprendre le subtil et à s'interroger sur le sacré. Le troisième, c'est la doctrine. Celle qui éclaire son intériorité, qui éveille sa conscience et lui enseigne le sens et l'approche du sacré. Le quatrième degré, c'est la transmission de la vie. Ce don précieux que nous avons reçu et qu'à notre tour nous transmettons de génération en génération, sans le manipuler, jusqu'à la fin des temps. Enfin, le dernier degré est le respect de la dignité de chaque être humain et le partage équitable des biens dont la nature nous a généreusement pourvus.

Paule Salomon
Le sacré est toujours là, c'est moi qui n'y suis pas

La beauté est toujours là, c'est moi qui ne suis pas là. Le bruissement des feuilles, l'éclat de la lumière, la tendresse d'une courbe, la douceur de la fourrure de mon chat, tout me cherche, l'amour me cherche et je ne suis pas là. Mon attention durcie sur mes objectifs de conquérante devient indisponible à la splendeur de l'existence.
La coupe et l'épée. Alternance. Je ne me dispense pas plus de l'épée que de la coupe. Parfois je suis active et pénétrante, parfois je suis réceptive et accueillante. Et parfois l'amour en moi me permet d'être l'une et l'autre à la fois dans l'élan de la communion. Le sacré est toujours là au centre de la croix, de l'horizontale et de la verticale, du temps et de l'espace, éternité suspendue chargée du mystère du sens. La grande conscience s'incarne.

Patrick Estrade
L'amour humain

Sans hésitation, je réponds : l'amour humain, car je pense que ce mot contient en lui-même toutes les autres sacralités : temps sacré, espace sacré, lieux sacrés, vie sacrée. L'amour humain, c'est le respect de la vie, le respect de l'autre, le respect de sa propre vie, aussi. Le respect de sa propre, cela veut dire : essayer de faire de soi un beau jardin tranquille et hospitalier, non pas un jardin secret mais un jardin sacré. Un jardin dont nous aurons pris soin d'écarter les idées « fosses » – celles qui creusent tous ces terribles fossés entre les hommes – afin de mieux accueillir l'autre.
Le sacré et la violence, le sacré et la haine, le sacré et la destruction, le sacré et l'indifférence ne vont jamais ensemble ! Seules la bonté et la générosité les révèlent. C'est cela, pour moi, ce qu'il y a de plus sacré, c'est la vie en tant que relation. La vie de toi *à* moi, de toi *et* moi. Car, sans toi, je ne suis rien...

Lama Denys Teundroup
Sacré est l'état de présence absolue

Sacré est l'état de présence absolue, de non-soi, d'*anatman*, l'au-delà de toutes les représentations et appuis. Tout ce qui lui est autre – la dualité, l'égo et ses conceptions – sont profanes. Sacrés ne sont pas : la statue du fétichiste, le texte du théiste, la foi du croyant, le nom de Dieu ou la représentation idolâtre, quelle que soit sa forme ou son concept. Sacré est le silence de l'effacement du signe, du nom et de la conception.
Ainsi, il n'est d'autre sacré que l'expérience de non-dualité, la simple présence d'immédiateté ; lieux, personnes, objets, noms ou désignations ne peuvent, au mieux, que l'évoquer ou l'inspirer.

Roland Rech
La vie elle-même

La vie elle-même. C'est pour cela que j'ai sursauté durant la table ronde, parce que dès que, au nom d'une spiritualité ou d'une religion, on justifie le fait de tuer pour quelque cause que ce soit, je ressens un choc. Cela ne me paraît pas possible. Ce qui est sacré, c'est la vie en tant qu'elle permet de manisfester ce qu'il y a de plus infini, de plus illimité dans l'être.

Faouzi Skali
Qu'y a-t-il de plus sacré que le sacré lui-même ?

Cette expérience qui se manifeste dans nos vies comme un tout autre « le Tout-Autre » et qui en constitue pourtant la substantifique moelle et le secret le plus subtil. Paradoxalement, cette présence du sacré que l'on ne peut comparer à rien de connu est la chose qui nous concerne le plus et au plus profond. C'est la flamme secrète de la vie. Perdre toute conscience de cette présence rend la vie tout simplement absurde.
Citons quelques sentences soufies qui indiquent cette dimension mystérieuse du sacré à la fois partie invisible et racine de notre être : « Elle n'est nulle part mais Elle est pourtant dans toute chose. Celui qui L'a contemplée ne se relève pas de son ivresse » ; ou encore : « Celui qui L'a trouvée, qu'a-t-il perdu ? Et celui qui a trouvé autre qu'Elle, qu'a-t-il trouvé ? » Selon une phrase de sagesse, cette présence du sacré « est la seule chose nécessaire ». Celle par laquelle toutes choses s'illuminent et prennent sens. Cette forme-là qu'il faut savoir sauvegarder comme le bien le plus précieux et le plus sacré de l'être.

Poser la question du sens du sacré, c'est peut-être aussi poser la question de la place du sacré.
Le sacré est le lieu inviolable par excellence. Il est, en soi, le lieu que ne peut atteindre l'être profane. Ni la pensée, ni l'émotion, ni la sensation ne peuvent avoir accès en ce lieu. Et, en même temps, sans le sacré, ni la pensée, ni l'émotion, ni la sensation ne peuvent venir à l'existence.
Le sacré est ce qu'il y a en nous de plus naturel et à la fois de plus inaccessible. Il est la source de la crainte et la source de la fascination. Il est ce par quoi nous sommes, ce par quoi nous le cherchons et il n'est jamais ce que l'on peut atteindre.
Le sens du sacré, c'est d'être imprégné au quotidien du sentiment qu'il faut aller vers, mais que jamais on n'atteindra. Accomplir l'action sans songer aux fruits de l'action, c'est-à-dire ne jamais songer à devenir propriétaire d'un résultat à partir d'une action accomplie. La notion de propriété et d'appartenance est d'ailleurs la notion profane par excellence.
Le sacré est dans l'insaisissable.
Simplement tendre vers...

Yvan Amar.

La chronique

par Marie-Madeleine Davy

Lytta Basset
Moi, je ne juge personne.
L'Évangile au-delà de la morale.
Albin Michel, coll. « Labor et Fides ».

L'auteur, Lytta Basset, a fait des études de philosophie et de théologie. Actuellement, elle remplit à Genève la fonction de pasteure. Dans un Avant-propos particulièrement significatif, elle mentionne la distance entre la réalité et le jugement qui la concerne. Le thème central sur lequel Lytta Basset va constamment revenir concerne le sujet de la femme adultère. Non seulement l'auteur est spécialiste en philosophie et théologie, mais son avantage est d'avoir beaucoup voyagé. Elle a vécu en Inde, en Iran, à Djibouti et aux États-Unis. Un tel périple est d'une primordiale importance. Il se présente comme l'achèvement d'une formation.

Le motif de la rédaction d'un livre

« [...] Écrire suppose avoir été traversé par ce dont on parle ; écrire ne se peut pas sans la poussée, au-dedans de soi, de ce qui va peut-être, du même coup, devenir "parlant" pour autrui. Mais ce livre est également né d'une rencontre, en quelque sorte inopinée. Le mal-être était là, cohabitant avec une intense aspiration à en sortir. La volonté ne pouvait rien... C'est alors qu'un texte biblique est venu à ma rencontre. » Il s'agit du thème de la femme adultère ou plutôt celui de la lapidation. C'est pourquoi l'ouvrage de Lytta Basset s'inscrit dans la suite du *Pardon originel* (Labor et Fides, 1994, quatrième édition) et de *La Joie imprenable* (*idem*, 1996).

La lapidation

Le problème, sur lequel l'auteur ne cesse de revenir, est celui des pierres jetées à la femme adultère dont parle l'évangéliste Jean (8, 3) : « Alors les Scribes et les Pharisiens lui amenèrent une femme surprise en adultère, et l'ayant fait avancer, ils dirent à Jésus : "Maître, cette femme a été surprise en flagrant délit d'adultère. Or Moïse, dans la Loi, nous a ordonné de lapider de telles personnes. Toi donc, que dis-tu ?" C'était pour éprouver la femme qu'ils l'interrogeaient ainsi, afin de pouvoir accuser celle-ci. Mais Jésus ne regardait pas la femme, ni ses accusateurs. S'étant baissé, il écrivait sur la terre avec le doigt. Comme les accusateurs continuaient à interroger la femme, il se releva et leur dit : "Que celui de vous qui est sans péché lui jette la première pierre" Jn (8,8). » Envisagées matériellement, les pierres peuvent physiquement blesser. À un autre niveau, les paroles, les mots utilisés brisent un être. Tout jugement péremptoire déstabilise, fait vaciller. Sorte de perte d'équilibre, destruction plus ou moins lente. L'être se trouve atteint par le dehors ou le dedans ou encore les deux à la fois.

La difficile maîtrise de la peur

Jésus porte en lui la peur éprouvée par le genre humain. Tous les individus sont concernés : ceux du passé, du présent et de l'avenir. En raison de sa profonde connaissance, de son savoir s'appliquant au déroulement des événements, on peut s'étonner de la frayeur de Jésus si souvent manifestée.

D'après Luc (22, 39), à Gethsémani, Jésus « agonise de peur ». Cependant, il vient d'être « fortifié » par un ange.

Devant l'insistance de l'auteur sur la peur de Jésus, il est possible de se poser la question : est-ce que Lytta Basset ne cède pas à une certaine majoration de la peur ?

Jésus porte le fardeau de la peur que rencontrent de nombreux hommes et femmes au cours de leur existence. Peur panique comparable à un piège retenant prisonnier, détruisant les énergies susceptibles de provoquer un changement. Le plus souvent, la peur tragique naît de l'ignorance que l'homme véhicule durant toute son existence. Cette ignorance engendre un obscurcissement. L'avenir devient brouillé. Le voici atteint par une sorte de brouillard. Le climat, l'atmosphère subissent un effet ténébreux rendant tout entourage indistinct.

Après la peur de Jésus, il convient de parler de la peur des disciples qui apparaît constante dans les évangiles.

L'essentiel : le non-jugement

« Ne jugez pas afin que vous ne soyez pas jugés. » Les paroles de Jésus concernant la liberté et l'intelligence. Il récuse une contrainte d'obéissance qui s'exécuterait sans comprendre. Les bienfaits du refus de juger ne sont pas immédiats. « Ils sont d'abord de l'ordre de la promesse et ne découlent pas automatiquement de la décision prise de ne plus condamner autrui ; pire encore, nous constatons rapidement qu'une telle décision accroît plutôt notre mal-être et requiert le courage de persévérer. En effet, lorsque nous nous abstenons de juger et que nous n'occupons plus notre esprit avec ce qui ne va pas chez les autres, rapidement nous ne nous trouvons plus en sécurité : le voile commence à se lever, nous découvrons la peur qui alimenterait notre esprit de jugement. »

Dans des pages manifestant une vaste culture, Lytta Basset étudie

ce qu'elle nomme « bâtir sur le roc ». Son propos éclaire d'une façon tout à fait significative le début de la Genèse. L'interprétation est neuve et explicite. Jésus voulait apprendre à chaque témoin à proférer un jour : « Moi je suis ». D'où l'affirmation selon Jean (9, 9) annoncée par l'aveugle guéri : « Moi je suis. ».
Le « moi je suis » de la Bible hébraïque, comme celui des évangiles, n'a de sens que par sa finalité : il était destiné au peuple d'Israël tout en s'adressant à l'être humain : d'où son omniprésence dans l'évangile de Jean.
Ainsi, le « moi je suis » des évangiles, si proche du « Je suis/je serai » du Dieu juif, est à retenir à travers « l'hymne de *Phi*, 2 » et le thème de la kénose : « Il s'est anéanti lui-même, en prenant la condition d'esclave, en se rendant semblable aux hommes, et reconnu pour homme par tout ce qui a paru de lui » *Phi* (2, 7).

À propos du mystère de l'incarnation, Lytta Basset écrit : « Dieu ne nous suffit pas ; il nous faut l'homme Jésus, un semblable, à la fois de chez nous et d'Ailleurs. Pour reprendre pied, il nous faut savoir qu'il a vécu, qu'il s'est battu contre nous, qu'il a éprouvé la solidité de l'être en traversant la mort. » Elle ajoute : « Lorsque la peur annihile en nous tout raisonnement cohérent et que nos repères intellectuels, affectifs et spirituels nous glissent entre les doigts, lorsque nous sommes pris dans un vertige où le mot "Dieu" ne recouvre plus rien du tout, notre seul et unique recours est le nom du Christ, à cause de sa promesse : "Si vous me demandez quelque chose en mon nom, moi je [le] ferai" Jn (14, 14). »
Lytta Basset conseille de répéter le nom du Christ. De s'en imprégner.

La prière du cœur

L'Orient chrétien a été enrichi grâce à l'utilisation de la « prière du cœur ». Celle-ci ne saurait comprendre obligatoirement une discipline respiratoire. Lytta Basset note très justement qu'il existe « maints parallèles dans d'autres religions (*cf.* la méthode yogique de japa, le *dhikr* des musulmans, la pratique bouddhique du *nembutsu*). L'évocation du nom de Jésus étant essentielle, et tout à fait secondaire la technique respiratoire. « La prière qui monte à l'intérieur du cœur avec attention et sobriété, en dehors de toute pensée, de toute imagination quelle qu'elle soit, c'est d'abord : "Seigneur Jésus-Christ Fils de Dieu". L'esprit se tend tout entier hors de toute matière, hors de toute parole, vers le Seigneur Jésus-Christ qu'il commémore. C'est ensuite : "Aie pitié de moi". L'esprit revient et retourne en lui-même, comme ne supportant pas de ne pas prier pour lui-même »... « Invoquer le nom de l'homme Jésus, c'est alors opposer à l'abstraction de la peur un être humain concret, réel, incontournable, qui a traversé la peur en restant debout, et qui a ainsi montré comment accéder au sol ferme de l'Être... L'homme qui a vécu il y a deux mille ans était tellement vivant que la simple invocation de son nom le rend présent, réel, solide à la manière de l'ami sur lequel on sait pouvoir s'appuyer, une fois pour toutes ! »

Fils de l'humain

Aux habituelles divisions : fils de la femme, fils de l'homme, fils de Dieu, il serait possible d'ajouter : fils de l'humain, dont parle le prophète Daniel, selon la correction apportée par Lytta Basset au texte biblique habituellement retenu. « Tout se passe, dira-t-elle,comme si Jésus connaissait suffisamment la condition humaine pour savoir que la Parole de Dieu devient crédible lorsqu'un fils de l'humain la rend crédible ».

Au départ, l'homme est un animal. Toutefois il est perfectible. Cette perfectibilité le rend humain.

Un homme peut devenir un être humain. Mais pas nécessairement. Ne pas oublier que « tous les hommes ne sont pas forcément des hommes ».

Lytta Basset donne une très grande importance à l'expression « fils d'humanité ». Elle écrit : « Seule est crédible une parole qui fait ce qu'elle dit en rétablissant autrui dans son corps et de tout son être pour instaurer un dialogue d'égal à égal avec lui, un dialogue libre de toute peur et de tout esprit de jugement [...] L'homme guérit [l'aveugle né] pouvait croire à nouveau en un humain libre et bienveillant, en un *parlant* authentique... »

Dialogue avec la Samaritaine (Jn, 4, 7- 8, 31)

La rencontre entre Jésus et la Samaritaine se fait près d'un puits où celle-ci vient puiser de l'eau. « Jésus lui demande : "Donne-moi à boire". Ses disciples étaient allés à la ville pour acheter des vivres. La femme samaritaine réplique : "Comment toi, qui es Juif, me demandes-tu à boire, à moi qui suis Samaritaine ?" Jésus lui répondit : "Si tu connaissais le don de Dieu, et qui est celui qui te dit : donnes-moi à boire, toi-même lui en aurais fait la demande, et il t'aurait donné de l'eau vive". »

Une grande différence sépare les deux personnages du dialogue. La Samaritaine fait allusion à l'eau matérielle, Jésus à l'eau d'éternité. La femme déclare : « Je sais qu'un Messie viendra, il nous annoncera toutes choses. » Jésus répond : « Moi je suis, celui qui te parle. » Sans évoquer le moindre motif, Jésus demande à la femme : « Va, appelle ton mari et viens ici » (*Jn* 4, 16). La réplique est inattendue : « Je n'ai pas de mari. » Jésus lit dans les cœurs. Il précise : « Tu dis bien : "Je n'ai pas de mari",

car tu en as eu cinq et maintenant celui que tu as n'est pas ton mari » (*Jn* 4, 17).
Lytta Basset remarque que pour la femme, Jésus est un juif étranger au peuple samaritain.
Bien entendu, pour la Samaritaine, il ne saurait s'agir de veuvages successifs, mais plutôt d'une série de concubinages.
Le dialogue va pouvoir se situer à un autre niveau. La femme évoque le Messie, lorsque Jésus lui parle d'un Dieu qu'on adore « dans la vérité ». « Je sais qu'un Messie vient, qu'on appelle Christ. Lorsqu'il viendra, il nous annoncera tout » (*Jn* 4, 24). Lytta Basset apporte une précision imprévue : « Ce à quoi elle est sensible, elle [la Samaritaine], c'est à cette perspective que tout ce qui n'est pas su, soit dit, annoncé, déclaré. »
L'originalité du Christ est d'exprimer la vérité, celle qui libère et ne comporte aucun jugement concernant le sujet : « La vérité vous rendra libres » (*Jn* 8, 31), « libérés de toute peur, y compris de la peur d'être jugés ». D'où cette précision : « En se tenant face à elle sans peur, sans tabou, sans mépris et sans esprit de jugement, Jésus salue en elle une authentique fille d'humanité en devenir. »

La marche de Jésus sur les flots (Jn, 6, 19 - 21)

Dans la soirée, les disciples descendent en bordure de la mer. Montés dans une barque, ils se dirigent vers Capharnaüm. Il fait nuit. Soudain un grand vent s'élève et agite les flots. Les disciples voient Jésus marchant sur l'eau pour les rejoindre. Une peur immense les saisit. Jésus monte dans le bateau qui immédiatement se trouve dans le lieu où ils se rendaient : Capharnaüm.
En voyant Jésus marcher sur l'eau, les disciples sont paniqués. Ils se libèrent par des cris d'épouvante. Est-ce Jésus ou un « fantôme », *phantasma* en grec. « Ne s'agit-il pas alors d'une seule et même peur ? En effet, la mer aussi est "soulevée" par un vent réel mais invisible : magnifique illustration de ce qui fait peur parce que c'est immaîtrisable ! Nos peurs les plus terrifiantes ne sont-elles pas le fruit de « fantasmes » *[il serait préférable d'écrire « phantasmes »]* [...] La peur des fantômes peut faire sourire, elle est pourtant de la même famille que l'angoisse éprouvée par les proches d'une personne portée "disparue". »

Épilogue

Dans l'analyse de l'étude de Lytta Basset, le thème de la trahison de Judas n'a pas été retenu. Cependant, il conserve son importance. Après la lecture de ce très important ouvrage composé par une femme pasteure, une réalité s'affirme : l'impossibilité d'utiliser le credo catholique d'autrefois. Dans certains lieux liturgiques, il a d'ailleurs été entièrement supprimé ou encore a subi d'amples corrections.

Question de - Albin Michel

François-X. HÉRY / Thierry ENEL

L'ÉGYPTE, MÈRE DU MONDE

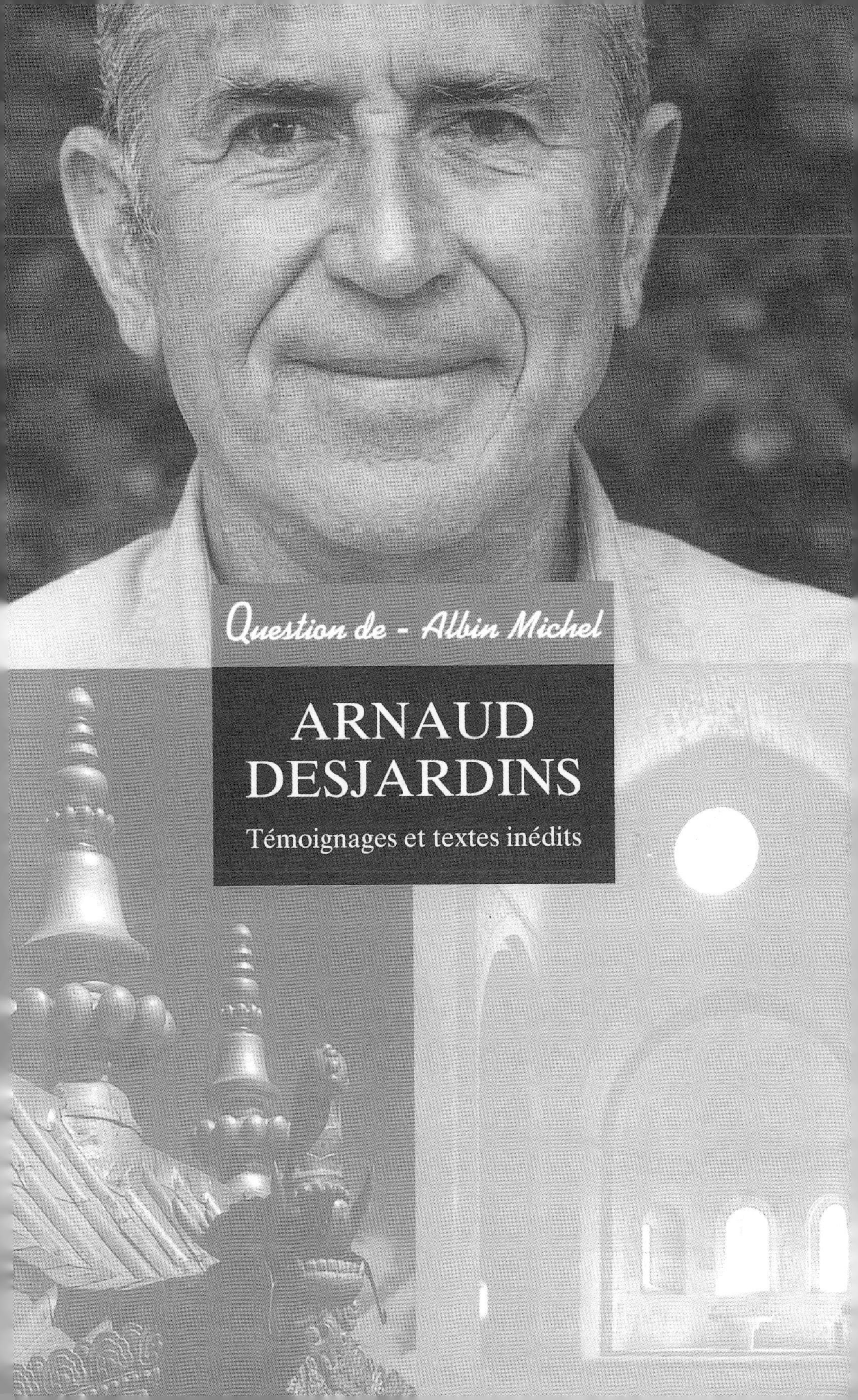

Question de - Albin Michel

ARNAUD DESJARDINS

Témoignages et textes inédits

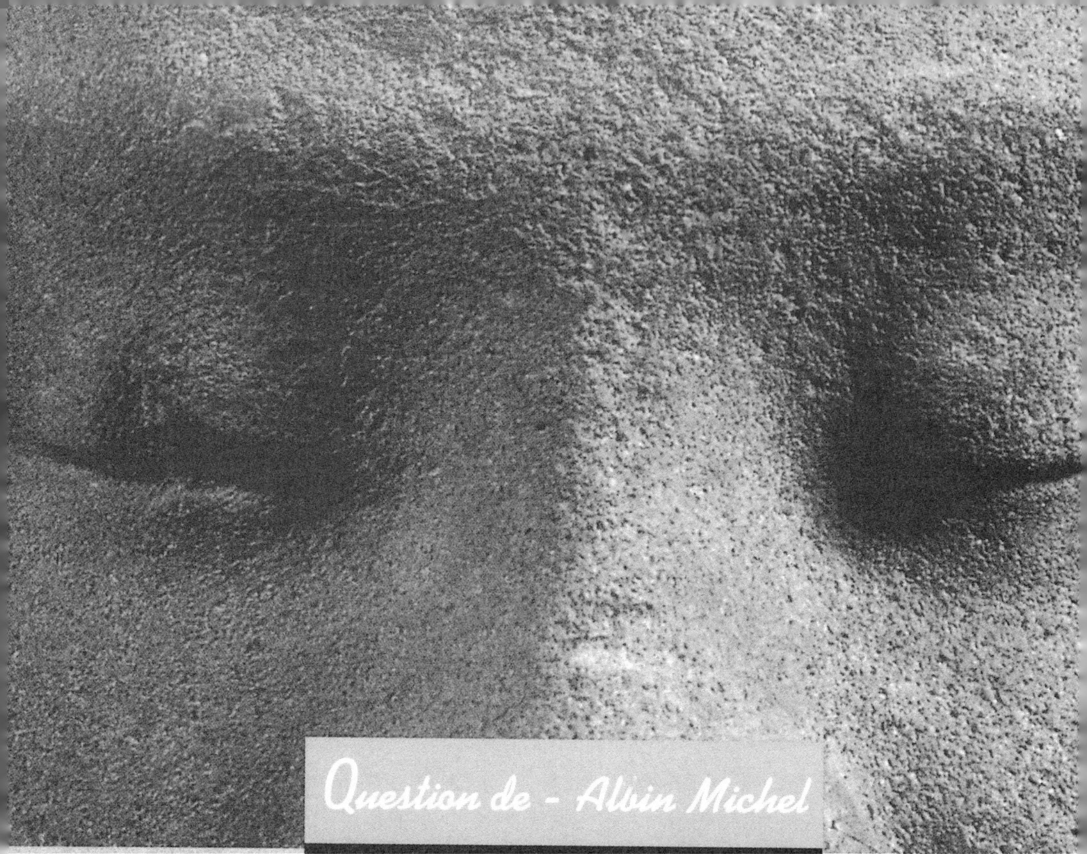

Question de - Albin Michel

Alain Beltzung

LE TRAITÉ DU REGARD

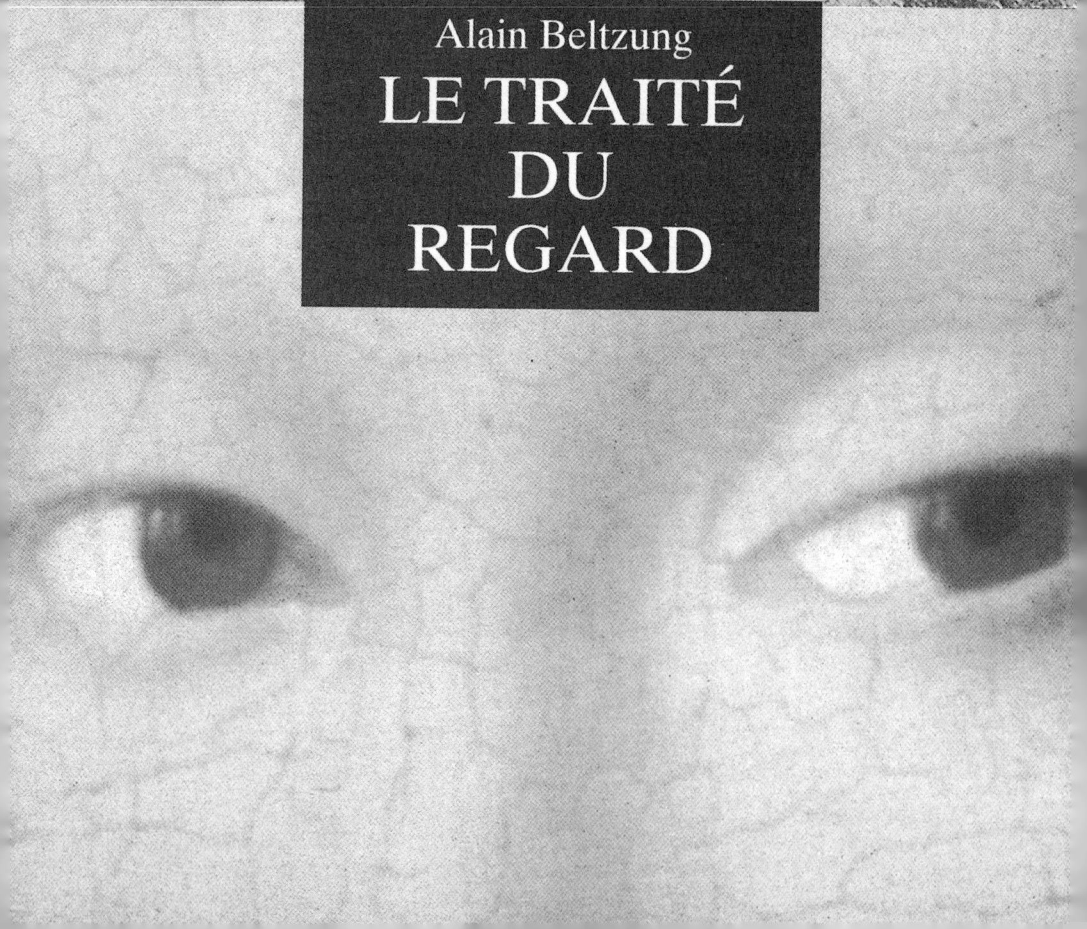

Sous la direction de François L'Yvonnet

LA GRANDE MUTATION

ENQUÊTE SUR LA FIN D'UN MILLÉNAIRE

Question de - Albin Michel

Jean Baudrillard, Dominique Bourel, Pierre Chaunu, André Comte-Sponville, Henry Corbin, Maurice de Gandillac, Edgar Morin, Marc-Edouard Nabe, Jacques Lacarrière, Michel Tournier...

Numéros disponibles

62	**Astrologie** *(250 p.)*	80 F
65	**L'esprit des hauts lieux** *(128 p.)*	60 F
68	**L'Apocalypse de Jean** *(320 p.)*	120 F
69	**La prière** *(192 p.)*	80 F
71	**La mort et ses destins** *(176 p.)*	80 F
72	**La structure absolue (Raymond Abellio)** *(128 p.)*	80 F
73	**Le lieu du temple** *(216 p.)*	120 F
76	**Nouvelles émergences** *(126 p.)*	55 F
78	**Le maître de Nô** *(160 p.)*	80 F
80	**Le sacrement de l'instant,** ***présence de Jean Sullivan*** *(128 p.)*	55 F
81	**Karlfried Gräf Durckheim** *(112 p.)*	80 F
82	**L'esprit visionnaire** *(rééd., 158 p.)*	80 F
84	**Du maître spirituel au guide intérieur** *(144 p.)*	80 F
85	**Christ et Vedânta** *(146 p.)*	80 F
86	**Un et nu (Daniel Pons)** *(144 p.)*	60 F
89	**Qu'est-ce qu'une religion ?** *(232 p.)*	80 F
90	**Louis Massignon** *(260 p.)*	120 F
91	**La mystique de l'invisible** *(208 p.)*	80 F
92	**Être à deux** *(232 p.)*	80 F
94	**Paul Claudel et la Bible** *(240 p.)*	99 F
93	**Dieu croit-il en Dieu ?** *(rééd., 530 p.)*	149 F
95	**Charles Duits** *(176 p.)*	98 F
96	**Les rêves de l'ombre** *(128 p.)*	80 F
97	**Simone Weil** *(224 p.)*	120 F
98	**Les mutations du Yi King** *(408 p.)*	149 F
98 b.	**Le Yi King mot à mot** *(hors-série)*	80 F
100	**Le XXIe siècle a commencé** *(304 p.)*	120 F
101	**Bouddhisme et Franc-Maçonnerie** *(152 p.)*	80 F
102	**Civilisation et arts martiaux** *(136 p.)*	80 F
103	**Le pouvoir et le temps** *(232 p.)*	120 F
104	**L'esprit du labyrinthe** *(264 p.)*	120 F
105	**Le mal** *(284 p.)*	120 F
106	**L'homme tridimensionnel** *(184 p.)*	80 F
107	**Conscience et présence** *(168 p.)*	80 F
108	**Chamanisme et psychothérapie** *(232 p.)*	100 F
109	**La voie de l'homme relié** *(224 p.)*	100 F
110	**L'Égypte, Mère du Monde** *(236 p.)*	120 F
111	**Arnaud Desjardins, textes et témoignages inédits** *(256 p.)*	120 F
112	**Traité du regard** *(288 p.)*	120 F
113	**La grande mutation, enquête sur la fin d'un millénaire** *(376 p.)*	145 F
114	**Le sens du sacré** *(216 p.)*	120 F

BON DE COMMANDE

Question de

vous offre 25 % de réduction sur votre abonnement

Numéros disponibles	Prix
Frais de port	20 F
Abonnement	
Total	

❑ Je m'abonne pour 4 nos (1 an)
240 F au lieu de 320 F(1)
• (Étranger : 300 F)
• (Tarif étudiant : 220 F(2))

❑ Je m'abonne pour 6 nos
360 F au lieu de 480 F(1)
• (Étranger : 460 F)
• (Tarif étudiant : 330 F(2))

❑ Je m'abonne pour 8 nos (2 ans)
480 F au lieu de 640 F(1)
• (Étranger : 600 F)
• (Tarif étudiant : 440 F(2))

Règlement à l'ordre de *Question de* : ○ Chèque postal ○ Chèque bancaire ○ Mandat-lettre

Nom, prénom...

Adresse...

....

Profession, âge, tél. (facultatif)...

1. Prix public de vente au numéro simple.
2. Justificatif obligatoire.

Conformément à la loi Informatique et Libertés, vous disposez d'un droit d'accès et de rectification aux informations vous concernant.

Bon de commande à retourner à : Question de - BP 21 - 84220 Gordes

Question de a été imprimé par Pollina s.a., 85400 Luçon - n° 75782.
Photogravure : Rimbaud, Cavaillon.
Dépôt légal : 4e trimestre 1998 - Gérant de la publication : Marc de Smedt.
Éditions Question de, 1998. Commission paritaire n° 54.752.